Dr. Johannes
Wimmer

Selbstbewusst durchs Leben

Mein 30-Tage-Kurs

INHALT

Vorwort

Ein paar einführende Worte für dich

Stark und selbstbewusst durchs Leben zu gehen – davon träumen wir alle. Vermutlich, weil wir ein ganz konkretes Bild vor Augen haben, wie selbstbewusste Menschen die Dinge angehen: Sie sind mutig und scheuen sich nicht vor Herausforderungen. Sie gehen Risiken ein und fürchten sich nicht vor der Ungewissheit. Sie präsentieren sich selbst und das, wofür sie stehen, ohne Zweifel vor anderen, selbst vor Fremden. Sie wissen, was sie können, sind überzeugt von sich und ihrer Persönlichkeit – und sie stehen immer für sich selbst ein. Und nicht nur das: Wenn sie in den Spiegel schauen, dann sehen sie genau den Menschen, der sie sein wollen. Selbst Ecken und Kanten nehmen sie wohlwollend an. Sie schätzen sich!

Na, kennst du dieses Bild? Wünschst du dir auch, so ein Mensch zu sein? Dann habe ich schon mal eine richtig gute Nachricht für dich: Du BIST dieser Mensch! Ja, richtig gelesen. Du bist bereits eine selbstbewusste, starke und umwerfende Person – aber du hast vergessen, es auch zu fühlen. Das Leben und dein Umfeld haben dir irgendwann auf deinem Lebensweg weisgemacht, dass du diese Person nicht bist, sondern ängstlich, nicht gut genug, nicht richtig, nicht schön genug oder gar unfähig. Tja, und wenn sich dann auf einmal die Beweise häufen, dass das tatsächlich der Wahrheit entspricht – tja, dann ist man irgendwann selbst felsenfest überzeugt davon. Und schon sieht man nur noch das Schlechte. Aber: Das heißt zum Glück nicht, dass sich deine ganzen guten Seiten, deine Fähigkeiten und Talente, aus dem Staub gemacht hätten. Die sind immer noch alle in dir – und sie warten nur darauf, dass du dir selbst beweist: Hey, ich bin der Hammer! Wie konnte ich das nur vergessen?

Du glaubst mir nicht? Kein Problem – wir haben ja auch noch nicht losgelegt. Es ist okay, dass du mir hier und jetzt noch nicht glauben kannst. Aber schon morgen, wenn wir mit dem ersten Tag dieses Coachings starten, wirst du deinem echten, starken und sicheren Selbst wieder einen Schritt näher kommen. Und ich bin auf diesem Weg an deiner Seite – als dein ganz persönlicher Begleiter auf dem Weg zu mehr Selbstbewusstsein. Wir rocken das gemeinsam! Und das Tolle ist: Alle Strategien, die du in diesem Buch findest, habe ich selbst angewendet oder im Laufe meiner beruflichen Laufbahn mit Patientinnen und Patienten erprobt. Also: Lass uns starten und gemeinsam auf Reisen gehen! Wir werden deinen inneren Zweiflern schon beweisen, was du alles draufhast! Ich glaube fest an dich! Und ich freue mich, diesen Weg gemeinsam mit dir zu gehen.

Also: nur Mut!

Tag 1

Die nächsten 30 Tage werden wir gemeinsam daran gehen, dein Selbstbewusstsein zu stärken. Schon neugierig?

Hallo, schön dass du da bist und den Weg zu diesem Coaching gefunden hast. Du bist hier gelandet, weil du das Gefühl hast, unsicher und nicht selbstbewusst oder nicht selbstbewusst *genug* zu sein, und das wahrscheinlich nicht erst seit gestern, sondern schon länger. Vielleicht bist du auch hier, weil du sagst, dass dein Selbstwertgefühl gerade richtig am Boden ist. Und vielleicht auch, weil du dich gerade nicht besonders gut leiden kannst, wenn du in den Spiegel schaust.

Wenn du jetzt nickst: Das ist okay. Damit bist du nicht allein. Es gibt viele Menschen, die sich nicht besonders wohl mit sich selbst fühlen, und das aus den unterschiedlichsten Gründen. Weil sie sich nicht schön fühlen, weil sie sich nicht liebenswert finden oder weil sie das Gefühl haben, nicht klug genug zu sein, nicht gut genug im Job oder als Mutter oder Vater zu versagen. Oder weil sie generell nicht überzeugt von sich sind, weil sie Angst haben, anzuecken oder etwas falsch zu machen.

Und genau das werden wir ändern. Ich zeige dir meine persönlichen Lieblingstipps, Übungen und Tricks – für alle Bereiche, für die Familie, Freunde, deinen Job, Schule oder Studium, aber auch dafür, wenn du unterwegs bist. Und das jeden Tag, für 30 Tage.

Das Verrückte dabei ist ja, das selbst supererfolgreiche Menschen manchmal mit sich hadern, solche, die in unseren Augen total selbstbewusst und gelassen auftreten, die eine Wahnsinnsausstrahlung besitzen und ultraselbstbewusst Vorträge vor einem Riesenpublikum halten, denen alles gelingt. Aber selbst diese Menschen zweifeln manchmal an sich, wie ich aus eigener Erfahrung weiß, an manchen Tagen mehr, an manchen weniger.

Denn wir haben sie alle, diese kleine fiese, kritische Stimme in unserem Kopf, die uns immer wieder einreden möchte, dass wir nicht gut genug sind – und dass alle anderen viel schöner, klüger, dünner, muskulöser, stärker, besser, cooler, lustiger, redegewandter oder was auch immer sonst noch sind. Diese innere Stimme – und das kann ich dir versichern – haben wir wirklich, wirklich alle in uns: du, deine Freundinnen und Freunde, deine Vorgesetzten, Promis, Models – und ich natürlich auch.

Mal ist sie lauter, mal leiser. Manchmal hört man sie auch gar nicht, aber spürt sie umso mehr. Man könnte wohl sagen, diese Stimme gehört zu unseren Werkseinstellungen, wie zum Beispiel eine vorinstallierte App auf deinem Smartphone.

Aber genauso wie diese innere kritische Stimme ist auch unser Selbstbewusstsein vorinstalliert und entwickelt sich bereits seit unserer Geburt. Meistens in die richtige Richtung, aber womöglich haben sich auf dem Weg zum Erwachsenen hier und da ein paar Bugs eingeschlichen, so bezeichnen Softwareentwickler Fehler im System, die dafür sorgen, dass es nicht mehr ordentlich funktioniert oder ständig abstürzt. Darum möchte ich mit dir in diesem Selbstbewusstseinscoaching gerne daran arbeiten, die Systemfehler zu finden und zu überschreiben, damit dein Programm in Zukunft wieder einwandfrei läuft.

Wenn du jetzt zufällig gerade denkst: „Oh super, der Wimmer zeigt uns, wie wir uns und unser Programm, unsere Software, optimieren können", dann möchte ich da kurz stoppen. Den Begriff „Optimierung" oder auch „Selbstoptimierung" finde ich nämlich überhaupt nicht schön. Denn optimieren bedeutet verbessern. Und ich finde nicht, dass du „besser" werden musst. Du bist nämlich schon richtig, richtig toll. Du bist schon super, genau wie du bist. Du hast es alles längst in dir, dein selbstbewusstes Ich ist in dir. Du fühlst es nur noch nicht. Vermutlich, weil es sich über die letzten Jahre in eine schummrige Ecke verzogen und es sich dort muckelig gemütlich gemacht hat. Nun müssen wir es einfach nur wieder hervorlocken. Und zwar gemeinsam, Schritt für Schritt, mit kleinen Übungen und Impulsen. Und damit wird es dir dann auch besser gehen, aber wir müssen dich nicht besser machen. Wir wecken einfach das, was eh schon in dir ist.

Vielleicht kennst du sogar schon Mittel und Wege, dein Selbstbewusstsein zu pushen. Die einen sind sinnvoll und bringen uns weiter, sie machen uns stärker. Es gibt aber auch Verhaltensweisen, die wir uns, oft aus der Not heraus, selbst angeeignet haben, die zwar für kurze Zeit wirkungsvoll sind, für den schnellen Kick, aber auf lange Sicht leider überhaupt nicht funktionieren – im Gegenteil: Oft geht's uns danach sogar noch mieser als vorher. Ein Beispiel, das du vielleicht von dir selbst kennst, ist das „Everybody's-Darling-Syndrom". Welche Menschen unter diesem Syndrom leiden, sagt im Prinzip schon der Name: Es sind Menschen, die sich ständig für andere aufreiben, die hier einen Apfelkuchen backen, dort einen Dienst übernehmen und ständig aushelfen und jedem zur Hand gehen. Aber nicht, oder nicht nur, aus ehrlicher Hilfsbereitschaft heraus, sondern weil sie daraus ihre so bitter benötigte Bestätigung ziehen. Diese Menschen halsen sich unglaublich viel Arbeit auf, sind total gestresst und machen immer und immer mehr – nur in der Hoffnung auf ein kleines Lob. In der Hoffnung auf ein „Ach Mensch, Gudrun, du bist einfach die Beste. Was würden wir nur ohne dich und deinen Apfelkuchen tun." Denn das ist sogar gleich doppelte Bestätigung: einmal für die beste Gudrun und einmal für den leckeren Apfelkuchen. Aber: Der ganze Stress nur für ein bisschen Bestätigung für einen Kuchen? Ich weiß ja nicht.

Was meinst du? Gehörst du auch zu den Menschen, die auf diese Weise versuchen, ihr Selbstbewusstsein aufzupolieren? Lohnt sich der Aufwand? Und: Bleibt das Gefühl, wenn der Kuchen aufgegessen ist? Eine gute Frage, oder?

In den kommenden 30 Tagen werden wir deinem Selbstbewusstsein gemeinsam auf die Spur gehen und zusammen erarbeiten, wie du es schaffst, dein Selbstbewusstsein so richtig schön zu stärken – und all das, ohne einen einzigen Apfelkuchen dafür backen zu müssen. Manche nennen so was Coaching, andere Seminar oder Kurs. Für mich ist es ganz einfach das, was es ist: füreinander da sein. Ich bin für dich da. Ich muss allerdings noch einmal ganz deutlich sagen, dass dieses Coaching keinen sogenannten therapeutischen Anspruch hat, sondern lediglich Impulse liefert, wie du dein Selbstbewusstsein stärken kannst. Es ersetzt also keinen Arztbesuch oder eine Sitzung mit einem Therapeuten. Es ist Zeit, die wir zusammen verbringen.

Das, was ich dir in diesen 30 Tagen an die Hand gebe und was du dir erarbeitest, hat mir persönlich auch geholfen, denn ganz ehrlich: Auch in meinem Leben gibt es Tage, an denen mein Selbstbewusstsein nicht unbedingt bei 100 Prozent ist. Vor allem, wenn ich vor einer neuen Herausforderung stehe und ich innerlich angespannt bin. Dann denk ich auch: „Puh, kann ich das? Schaffe ich das? Bin ich gut genug? Oder enttäusche ich jemanden?“ Aber wie gesagt, ich habe mittlerweile ein 1a-Selbstbewusstseinspaket für mich geschnürt, das ich jederzeit öffnen und anzapfen kann. Und ich bin mir sicher, dass dir das Paket auch helfen wird, egal ob dein Selbstbewusstsein gerade total am Boden ist oder ob es nur mal wieder frisch gestärkt werden muss.

Und weil dieses Coaching hier sehr kompakt ist, möchte ich dir für heute gleich eine kleine Aufgabe geben. Auf dem Aufgabenblatt auf der nächsten Seite findest du einen Menschen im Superhelden-Outfit. Heute träumen wir mal ein wenig und tun so, als wärst du das. Und zwar die beste Version von dir. Ich möchte, dass du dir jetzt ein paar Minuten Zeit nimmst und dir überlegst, wie eine selbstbewusste oder eine selbstbewusstere Version von dir aussieht. Welche Eigenschaften hat sie? Welche Superkräfte hat dein Zukunfts-Ich? Da könnte zum Beispiel stehen:

- ICH GLAUBE AN MICH.
- ICH TRAUE MICH, VOR ANDEREN ZU SPRECHEN.
- ICH SAGE, WAS ICH DENKE.

- ICH GEHE MUTIG IN MIR UNBEKANNTE SITUATIONEN.
- ICH BRINGE ANDERE ZUM LACHEN.
- ICH FINDE MICH SELBST KLASSE UND MAG MICH.
- ICH KANN BEDINGUNGSLOS HINTER MIR STEHEN.
- ICH KANN PROBLEMLOS NEIN ZU ANDEREN SAGEN.

Es können auch einfach nur Adjektive sein, wie:

- CHARISMATISCH
- AUTHENTISCH
- DURCHSETZUNGSSTARK
- FREI
- STARK
- SCHLAGFERTIG
- MUTIG
- SICHER

Mit dieser kleinen Übung visualisierst du schon mal, wo du gerne hinmöchtest. Mit anderen Worten: Du machst dir ein Bild von dir. Du kannst dir das, was da steht, auch gerne schon mal ausmalen, in Gedanken durchspielen und dir in allen Farben vorstellen, wie du selbstbewusst, mit erhobenem Kopf und einem Lachen im Gesicht durch einen Raum voller Menschen gehst, hier und dort jemanden begrüßt und dich dabei total wohl in deiner Haut fühlst. Das ist dein Zukunfts-Ich. Sehr sympathisch, oder?

Wenn du Lust hast, dreh nach der Übung noch eine Runde an der frischen Luft, dabei kannst du die ersten Punkte schon mal ein bisschen sacken lassen. Und wir sehen uns morgen wieder, mit unserer ersten Einheit zum Thema Selbstwert, das wird superspannend. Für heute hast du es aber geschafft, und ich muss sagen:

Gut gemacht!

DEIN ZUKUNFTS-ICH

Nimm dir ein paar Minuten Zeit und überleg, wie eine selbstbewusste Version von dir aussehen könnte. Welche Eigenschaften hat das Zukunfts-Ich, das du dir erträumst? Wie verhält es sich? Notier alles, was dir einfällt, hier:

BEISPIEL: Ich gehe mutig auf andere Menschen zu.

Mein Tipp

Visualisiere dein Zukunfts-Ich vor deinem inneren Auge. Stell dir vor, wie du strahlend und selbstbewusst durch einen Raum gehst, dich richtig gut und stark fühlst. Das ist die Person, die bereits in dir steckt. Toll, oder? In den kommenden Tagen wirst du sie kennenlernen.

Tag 2

Zwei entscheidende Begriffe: Selbstbewusstsein und Selbstwertgefühl

Hallo, schön dass du da bist. Heute steht unsere zweite gemeinsame Einheit an, auf die freue ich mich schon ganz besonders. Heute schauen wir uns nämlich mal zwei zentrale Begriffe an, wenn es um das Thema Selbstbewusstsein geht. Fangen wir mal mit dem naheliegenden ersten Begriff an: dem Selbstbewusstsein. Was ist das eigentlich? Wir sagen es alle immer so schön daher, dass wir gerne selbstbewusst sein wollen oder mehr Selbstbewusstsein nötig hätten, aber was bedeutet das eigentlich genau? Also, der Duden definiert Selbstbewusstsein als „das Überzeugtsein von seinen Fähigkeiten, von seinem Wert als Person, das sich besonders in selbstsicherem Auftreten ausdrückt." Okay. Wer selbstbewusst ist, ist also:

1. ÜBERZEUGT VON SEINEN FÄHIGKEITEN.
2. ÜBERZEUGT VON SEINEM WERT ALS PERSON.
3. BESITZT EIN SELBSTSICHERES AUFTRETEN.

Klingt ja schon mal ganz passend, finde ich. Eine noch bessere und etwas ausführlichere Definition habe ich allerdings auf der Psychotherapie-Website beziehungszentrum.de gefunden: „Selbstbewusstsein bedeutet, dir deines Selbst bewusst zu sein, dich selber zu kennen und zu wissen, wer du bist. Was macht deinen Charakter aus? Was sind deine Stärken? Selbstbewusstsein dient als Grundlage, um dein Selbstwertgefühl und dein Selbstvertrauen positiv zu beeinflussen."

Du siehst, hier steckt schon mehr drin:

1. DU BIST DIR DEINER SELBST BEWUSST.
2. DU WEISST, WER DU BIST.
3. DU KENNST DEINE STÄRKEN.
4. ES IST DIE GRUNDLAGE FÜR EIN POSITIVES SELBSTWERTGEFÜHL UND SELBSTVERTRAUEN.

So, und das Tolle an diesen beiden Definitionen ist: Damit haben wir im Prinzip schon unser Coachingziel definiert. Wir wollen herausfinden, welche Stärken und Fähigkeiten in uns stecken, wir wollen davon überzeugt sein und darauf vertrauen können, wir wollen selbstsicher auftreten und von unserem Selbstwert überzeugt sein. Und in diesem Coaching – das verspreche ich dir – werden wir an all diesen Punkten arbeiten, mit täglichen Aufgaben und Impulsen, die dich genau dorthin bringen.

Und darum machen wir heute auch gleich weiter, mit einem weiteren ganz elementaren Begriff auf dem Weg zu einem gesunden Selbstbewusstsein – und das ist der gerade schon erwähnte Selbstwert, der von vielen Menschen auch als Selbstwertgefühl bezeichnet wird. In dem Begriff steckt ja schon einiges drin. Es geht ganz offensichtlich um uns selbst, das ist klar, und zum anderen um den Wert, den wir uns als Person zugestehen. Hm, eine gute Frage eigentlich: Welchen Wert haben wir? Welchen Wert geben wir uns selbst? Und welche Antwortkategorien gibt es da überhaupt? Rechnen wir uns selbst jetzt in Dollar, Pfund oder Euro um? Ich muss da immer an den Begriff „Marktwert“ denken, den man aus dem Profifußball kennt. Wenn ein Fußballer ordentlich Tore schießt und sich auch sonst gut anstellt, dann steigt sein „Marktwert“. Ist er lange verletzt oder spielt er schlecht, dann fällt dieser wieder.

Würde das nun für uns persönlich auch bedeuten, dass unser Wert steigen oder fallen kann? Wenn wir zum Beispiel ein bestimmtes Gehalt verdienen oder verschiedene Erfolge im Leben verbuchen können: Gibt's dann Extrapunkte für unseren Selbstwert? Du wirst jetzt vielleicht den Kopf schütteln und sagen: „So ein Quatsch." Aber mal ernsthaft: Definieren viele Menschen ihren Wert nicht genau so? Und glauben, ihr Selbstwert würde steigen, wenn sie 1000 Euro brutto mehr verdienen, ein Haus besitzen oder zehn Kilo abnehmen? Eine gute Frage, oder?

Behalten wir die mal im Hinterkopf für später. Aber jetzt wollen wir uns erst mal anschauen, was es denn nun wirklich auf sich hat mit unserem Selbstwertgefühl. Laut Duden steckt dahinter das Gefühl für den eigenen Wert. Man könnte auch sagen, dass es hier um die eigene Wertschätzung geht. Also: Was halte ich von mir selbst? Finde ich mich super oder eher nicht? Schätze ich mich oder wertschätze ich mich nicht? Mag ich mich oder mag ich mich nicht? Jetzt wirst du sagen: „Na ja, das schwankt halt. Meistens finde ich mich ganz gut, aber es gibt halt auch Tage, da kann ich mich selbst kaum ertragen." Wenn das ab und zu so ist, ist das natürlich nicht schlimm. Solche Tage kennen wir ja alle. Aber wenn unser Selbstwertgefühl auf Dauer im negativen Bereich ist oder extrem instabil, dann ist das natürlich sehr belastend. Das gilt vor allem für Menschen, die ihren Selbstwert fast ausschließlich im Außen suchen. Sie messen ihren eigenen Wert an ihrem Erfolg, an der Rückmeldung von anderen, zum Beispiel im Bezug auf Aussehen und Attraktivität oder auch an Likes in sozialen Medien. Kommt viel Bestätigung von außen, ist erst mal alles super. Aber was passiert, wenn der Erfolg einbricht? Wenn keine Likes mehr kommen? Du ahnst es: Bei Menschen, die ihren Selbstwert ausschließlich aus dem Außen beziehen, kann dann die ganze Welt zusammenbrechen. Es ist darum also umso wichtiger, dass wir unseren Selbstwert aus uns selbst ziehen und es nicht dem Urteil anderer Menschen überlassen, ob wir uns wertvoll fühlen oder nicht. Wie sagt man so schön: Es heißt ja auch Selbstwertgefühl und nicht Fremdwertgefühl. Aber wie kommen wir nun zu einem guten Selbstwertgefühl?

Werfen wir erst mal einen Blick zurück in unsere Kindheit, denn damals wurde der Grundstein für unser Selbstwertgefühl gelegt, und zwar schon in dem Moment, als wir auf die Welt gekommen sind. Unsere Eltern waren unsere ersten Bezugspersonen und somit auch die Ersten, die uns vermitteln konnten, dass wir wertvoll sind, dass wir geliebt werden, dass wir sicher sind und man sich gut um uns kümmert. Sie haben liebevoll in unser Kinderbettchen geschaut, uns auf den Arm genommen und hin und her gewogen, uns gefüttert, wenn wir Hunger hatten, und uns getröstet, wenn wir geweint haben. Auf diese Weise haben wir gelernt: Ich bin super und ich werde geliebt. Auf diese Weise entwickeln wir ein positives Selbstwertgefühl.

Es kann aber auch sein, dass unsere Kindheit und damit auch der Grundstein für unser Selbstwertgefühl nicht so rosig aussahen. Zum Beispiel, wenn unsere Eltern oft genervt und gestresst ins Babybettchen geschaut haben und versucht haben, uns von Anfang an zur Unabhängigkeit zu erziehen. Es gab ja Zeiten, da hat man die Babys schreien lassen, damit sie lernen, sich selbst zu beruhigen. Oder damit man sie nicht verhätschelt oder Ähnliches. Mangelt es jedoch an Nähe, Zuwendung und körperlichem Kontakt und kommt niemand dem Kind verlässlich zu Hilfe, dann signalisiert das: „Sorry, ich kümmere mich nicht um dich, du bist mir nicht wichtig, du musst allein zurechtkommen.“ Das hat natürlich

Auswirkungen auf das Selbstwertgefühl, denn die Kinder versuchen dann verzweifelt, ihre Ängste allein in den Griff zu bekommen. Langfristig kann das dazu führen, dass man ein Leben lang Probleme bei der Verarbeitung von Ängsten hat. Erfahrungen und Gefühle im Babyalter werden nämlich im Gehirn abgespeichert und Ängste, Frust, Zurückweisung, Ablehnung und Enttäuschung tief verankert. Tja, und das kann sich auch noch nach Jahrzehnten auf uns auswirken. Sprich: Wenn wir als Säugling ständig schreien mussten oder auch als Dreijährige von unseren Eltern permanent abgewiesen wurden, kann uns das bis ins Erwachsenenalter verfolgen und an uns und unserem Selbstwertgefühl nagen. Dazu gehören übrigens auch Sätze, die wir als Kind immer wieder gehört haben, etwa diese hier: Du bist dumm, du bist zu dick, du taugst nichts, du bist hässlich. All das speichern wir ab – und selbst wenn wir es oft bewusst gar nicht mehr wissen, schwingt es ein Leben lang in uns mit und ploppt immer wieder auf.

Psychologen nennen diese ein Leben lang mitschwingenden Sätze Glaubenssätze, die tief in uns abgespeichert sind. Zum einen gehören dazu die eben erwähnten Sätze, die wir immer wieder zu hören bekommen haben, aber es kann auch sein, dass sich negative Glaubenssätze auf andere Weise entwickelt haben. Als Kinder haben wir zum Beispiel gelernt, keinen Ärger zu machen und stattdessen lieb und brav zu sein. Und daran haben wir uns natürlich auch nach Möglichkeit gehalten, denn wir wollten unsere Eltern schließlich nicht verärgern, sondern ihnen gefallen und gelobt werden. So, aber wenn wir nun doch mal Mist gebaut haben, hatte das natürlich Ärger zur Folge und in der Regel auch eine Strafe oder Maßregelung, es wurde geschrien oder Schlimmeres. Und das ist für Kinder natürlich furchtbar.

Das Problem geht nun jedoch noch einen Schritt weiter, denn es gibt zwei verschiedene Typen von Eltern. Die einen sind sauer und reden mit ihrem Kind. Sie machen ihm oder ihr während eines Gespräches bewusst, dass das Verhalten falsch war und warum – machen aber gleichzeitig deutlich, dass mit dem Kind selbst alles okay und richtig ist. Dadurch weiß das Kind: Alles klar, ich hab Mist gebaut und es gibt vielleicht eine Strafe, aber meine Eltern haben mich genauso lieb wie vorher. Ich bin immer noch wertvoll, an mir ist nichts falsch. Tja, aber bei anderen Eltern gab es diese Art der Auflösung nicht. Da gab es keine Erklärungen, es wurde nur geschimpft. Oder vielleicht sogar ignoriert und weitergemacht wie zuvor. Dadurch empfindet man als Kind aber das Gefühl, ungerecht behandelt zu werden. Und weil man das alles als hilfloses Kind noch nicht durchschaut, sucht man den Fehler bei sich und sagt sich, dass das Problem mit der eigenen Person zusammenhängen muss. Und schon entsteht ein negativer Glaubenssatz: Ich bin nicht okay, ich bin schlecht, ich bin es nicht wert. Und daraus entstehen dann die nächsten negativen Glaubenssätze, etwa: Ich muss immer lieb und artig sein, ich muss gehorchen, ich darf keine Fehler machen, ich muss Leistung bringen, ich darf nicht enttäuschen. Und wenn Sätze wie diese erst mal in uns abgespeichert sind, dann kommt jedes Mal, wenn der Glaubenssatz wieder aufploppt, ein Errorsignal. Und schon werden wir wieder ein paar Zentimeter kleiner.

Nun klingt es ein bisschen so, als wären unsere Eltern an allem schuld. Das stimmt natürlich nicht. Sie haben schließlich auch nur ihr Bestes gegeben. Und sie sind am Ende ja auch das Produkt der Erziehung ihrer Eltern. Und man darf natürlich nicht vergessen, dass Kinder früher ja noch mal ganz anders erzogen wurden als heute. Ich erinnere mich an einen Bekannten, der mir mal erzählt hat, dass er als Kind nie in den Arm genommen oder getröstet wurde. Da hieß es dann nur: Jungs kennen keinen Schmerz. Und daraus entstehen wieder andere Glaubenssätze und Grundüberzeugungen, die sich negativ auf den Selbstwert und das restliche Leben auswirken, wie: Ich muss stark sein oder Ich darf keine Gefühle zeigen. Und so geht es im Prinzip unser ganzes Leben lang auf und ab, vom Kleinkindalter, über die Schule bis zum Erwachsenenleben. Wir machen Erfahrungen, die sich auf uns und unseren Selbstwert auswirken, große und kleine Erlebnisse, die uns stärken oder schwächen. Erfahren wir als Kind Mobbing, wirkt sich das zum Beispiel ganz entscheidend aus. Aber auch die Beziehung zu unseren Geschwistern, Lehrern und früheren Arbeitgebern. Richtig schlechte Chefinnen und Chefs können nämlich auch dafür sorgen, dass unser Selbstwertgefühl in den Keller rauscht. Oder ein narzisstischer Partner, der nur um sich selbst kreist, dir alles abverlangt und dich zum Dank so richtig kleinmacht.

Wenn unser Selbstwert gut ist, können wir mit den Rückschlägen des Lebens und schwierigen Personen umgehen, weil wir tief in uns wissen, dass wir toll sind, dass wir wertvoll sind. Ist es aber klein oder bröckelt, ist es schwer, an sich und seine Fähigkeiten zu glauben und selbstsicher durchs Leben zu gehen, wenn uns der Wind um die Ohren peitscht. Denn: Wer sich immer wieder einredet oder es gesagt bekommt, nicht wertvoll zu sein, der glaubt irgendwann, dass es stimmt. Und schon geht's abwärts. Und weil uns das fertigmacht, versuchen wir wieder und wieder, besser zu werden, mehr Apfelkuchen zu backen, mehr Erfolg zu haben, schöner zu werden und mehr Likes zu bekommen – und suchen wieder unsere Bestätigung im Außen, um im Innen überhaupt noch etwas zu spüren. Ein Teufelskreis. Aber die gute Nachricht ist: Wenn du auch das Gefühl hast, ein schlechtes Selbstwertgefühl zu haben, dann kannst du daran arbeiten. Und nein, damit meine ich nicht, dass du besser, erfolgreicher, schöner oder dünner werden sollst. Nein, daran musst du nämlich gar nicht arbeiten, weil du all das längst bist. Du bist genau richtig, so wie du bist. Du hast nur verlernt, das auch zu fühlen, weil dir über die Jahre so viele Menschen begegnet und Dinge passiert sind, die dir das Gegenteil vermittelt haben. Aber wir werden in den kommenden Wochen daran arbeiten, wie du wieder zurück zu dir und zu einem stabilen, guten Selbstwertgefühl findest. Wir werden uns deine inneren Schätze ansehen und dir jede Menge Beweise dafür liefern, dass du wertvoll bist. Und zwar unbezahlbar wertvoll.

Und da kommen wir auch schon wieder zurück zu unserem Marktwertbeispiel und der Frage, wie viel wir eigentlich wert sind. Und ob wir unterschiedlich viel wert sind. Ob wir unseren Wert steigern können. Ich persönlich finde ja, dass wir alle wertvoll sind. Vom ersten Moment an bis zum letzten. Und zwar unabhängig von unserem Aussehen, unseren Fähigkeiten – ja, und um es auch mal ganz deutlich zu sagen: auch unabhängig von der Hautfarbe, unserer Herkunft und unserem Geschlecht. Unabhängig von unserem Glauben und unabhängig davon, wen wir lieben. Wir sind alle wertvoll und unbezahlbar! Und du auch! Und was dich auf dieser Welt ganz besonders wertvoll macht, darüber sprechen wir morgen.

Mach's gut!

Tag 3

Jeder Mensch hat eine Schatztruhe voller toller Eigenschaften, Fähigkeiten und Talente

Hi, schön, dass du heute wieder hier bist und Lust hast, an dir und deinem Selbstbewusstsein zu arbeiten. Gestern haben wir über den Selbstwert gesprochen. Über den Wert, den wir uns selbst zugestehen. Was uns speziell macht, was uns wertvoll macht.

Und das sind unter anderem unsere vielen wunderbaren Fähigkeiten, Talente und Eigenschaften. Jede und jeder von uns hat in sich einen riesigen Goldschatz, aus dem wir rein theoretisch unendlich schöpfen könnten, gäbe es da nicht ein klitzekleines Problemchen: Viele von uns haben im Laufe ihres Lebens die Truhe abgeschlossen und den Schlüssel weggeworfen. Oder sie sind über die Jahre zu der Erkenntnis gekommen, dass die Goldmünzen in der Kiste gar nicht echt sind, sondern Fälschungen, wie diese Schokotaler, die früher immer auf dem Weihnachtsteller bei Oma und Opa lagen. Das Problem ist aber nicht, dass unser Gold nicht echt ist, sondern dass wir uns davon nichts kaufen können, wenn wir es in unserer inneren Schatztruhe vor sich hin modern lassen. Und, so würde es mein Bankberater ausdrücken: „Zinsen gibt's auch nicht, Herr Dr. Wimmer!" Uns bleibt also nur eines übrig an dieser Stelle, und das ist, unseren Schatz zu heben und zu schauen, welche wunderbaren Talente, Fähigkeiten & Co. eigentlich in uns schlummern. Schnapp dir dazu das Aufgabenblatt für den heutigen Tag und beantworte folgende Fragen der Reihe nach. Nimm dir dafür ruhig ein bisschen Zeit und notier pro Frage je fünf Punkte.

1. SCHREIB 5 EIGENSCHAFTEN AUF, DIE DU AN DIR SCHÄTZT.
2. NOTIER 5 FÄHIGKEITEN/TALENTE, DIE DU BESITZT.
3. SAMMLE 5 DINGE, DIE ANDERE AN DIR SCHÄTZEN.
4. SCHREIB 5 SACHEN AUF, DIE DU ALS KIND ODER JUGENDLICHER GUT KONNTEST.

Ich weiß, es ist gar nicht einfach, so was aufzuschreiben, schließlich haben wir ja alle schon mal den doofen Spruch gehört, dass Eigenlob stinkt, aber heute ist es ganz klar gefordert. Wenn du fertig bist, lies dir die Listen noch mal ganz genau durch. Und ich wette mit dir, dass da steht, dass du echt viel draufhast – sogar mehr, als du dachtest, oder?

So, und danach geht's gleich an die nächste Aufgabe, bei der du dir bitte folgende Frage stellst: Welche dieser Fähigkeiten und Talente teilst du bereits mit der Welt? Womit bereicherst du sie? Und was behältst du alles für dich, vergraben in deiner inneren Schatztruhe? Alles, was du NICHT teilst (= nicht im letzten Monat gemacht hast), kringelst du jetzt ein, alles andere bleibt, wie es ist. Das, was du jetzt siehst, sind deine ganzen ungenutzten Schätze. Und vermutlich sind da noch viele, viele mehr, von denen du heute noch nicht mal weißt. Wenn du Lust hast, such dir doch einen Punkt heraus und überleg, wie du ihn in die Tat umsetzen könntest. Dahinter steckt folgender Gedanke: Wenn ein Talent ungenutzt bleibt, stiftet es keinen Wert. Teilen wir unseren inneren Goldschatz, ändert sich die Lage jedoch – und wir werden stärker.

Bis morgen!

DEINE INNERE SCHATZTRUHE

Nimm dir einen Moment Zeit und beantworte folgende Fragen:

1. SCHREIB 5 EIGENSCHAFTEN AUF, DIE DU AN DIR SCHÄTZT.

2. NOTIER 5 FÄHIGKEITEN/TALENTE, DIE DU BESITZT.

3. WELCHE 5 DINGE SCHÄTZEN ANDERE AN DIR?
WOFÜR BEKOMMST DU KOMPLIMENTE?

4. SCHREIB 5 SACHEN AUF, DIE DU ALS KIND ODER JUGENDLICHE*R GUT KONNTEST.

Aufgabe 1: Alles, was du aktuell NICHT mit der Welt teilst (= nicht im letzten Monat gemacht hast), kringelst du ein, alles andere bleibt, wie es ist.

Aufgabe 2: Such dir einen eingekreisten Punkt heraus und überleg, wie du ihn in die Tat umsetzen könntest. Notier deine Gedanken gleich hier:

Mein Tipp

Wenn wir unsere inneren Schätze nutzen, werden sie sichtbar. Für andere, ja – aber vor allem für uns. Das macht uns stärker!

Tag 4

In welchen Lebensbereichen fehlt es dir an Selbstbewusstsein?

Willkommen zurück. Schön, dich zu sehen!

Wir haben ja anfangs schon darüber gesprochen, warum du hier bist. Vielleicht wünschst du dir einfach nur, ein kleines bisschen selbstbewusster zu werden, zum Beispiel im Job oder im Umgang mit fremden Menschen. Vielleicht bist du aber auch sehr, sehr schüchtern und unsicher und hast noch nicht so viel Selbstvertrauen in dich und deine Fähigkeiten. Egal, zu welcher Gruppe du dich selbst zählst: Du bist hier auf jeden Fall gut aufgehoben und ich freue mich, dass du da bist.

Gestern haben wir ja schon über deine vielen wunderbaren Fähigkeiten gesprochen, die bereits in dir sind. Das hat dir hoffentlich gezeigt, dass du bereits ein ganz, ganz toller Mensch bist, auf den du sehr, sehr stolz sein kannst. Aber du bist ja aus einem ganz bestimmten Grund in dieses Coaching gekommen – und darum wollen wir uns heute auch einmal ansehen, wo bei dir der Schuh drückt. Das ist so, als würdest du zu deiner Hausärztin oder zu deinem Arzt gehen und gefragt werden, wo es denn eigentlich wehtut. Warum das wichtig ist? Ganz einfach: Wenn du von dir selbst sagst, dass du nicht selbstbewusst bist, ist das eine ziemlich umfassende Diagnose, eine Erkenntnis oder auch Feststellung. Aber die große Frage ist, ob das auch stimmt. Denn oft sind wir nur in einzelnen Lebensbereichen unsicher, in denen wir schon häufiger negative Erfahrungen gemacht haben, aber eben nicht in allen Lebensbereichen.

Wir geben uns dann aber trotzdem selbst den Stempel „nicht selbstbewusst“ – und der färbt dann irgendwann auf alle anderen Bereiche ab, wie eine Art selbsterfüllende Prophezeiung. Und darum wollen wir heute erst mal die Bereiche identifizieren, in denen du dich nicht selbstbewusst fühlst. Nimm dir dafür das Aufgabenblatt und eine halbe Stunde Zeit, damit du Ruhe hast. So, kann's losgehen? Super!

Auf deinem Aufgabenblatt findest du 5 Kreise, die für Freunde, Familie, Partnerschaft, Job und „unterwegs“ stehen. Nun überleg, in welchen Bereichen du dich nicht selbstbewusst fühlst und wo genau das Problem liegt. Ein Beispiel: der Job-Kreis. Wo liegt das Problem? Da könnte zum Beispiel stehen: „Ich zweifle stark an meinen Fähigkeiten. Ich traue mich nicht, bei Kunden anzurufen. Es fällt mir schwer, meine Interessen bei Vorgesetzten durchzusetzen. Ich habe Angst davor, vor Kolleginnen und Kollegen Präsentationen zu halten.“ So. Vielleicht fühlst du dich im Job aber auch eigentlich ganz selbstbewusst und sagst, es geht bei dir eher darum, mit neuen, fremden Menschen in Kontakt zu kommen. Auf der Straße nach dem Weg zu fragen oder Small Talk mit Fremden zu halten. Dann schreibst du all das bei „unterwegs“ auf.

Wenn du die entsprechenden Bereiche für dich erkannt hast und deine Probleme benannt hast, bist du schon einen großen Schritt vorangekommen. Zu wissen, wo genau der Schuh drückt, ist der erste Schritt auf dem Weg zur Besserung. Jetzt weißt du nämlich, womit du es zu tun hast. Sehr gut. Und jetzt schau noch einmal auf deinen Zettel: Erkennst du Muster? Sind es zum Beispiel bestimmte Personengruppen, in deren Anwesenheit du nicht selbstbewusst bist? Zum Beispiel Vorgesetzte? Oder ist es ein bestimmter Freundeskreis? Vielleicht Fremde generell? Überleg gerne noch mal ein paar Minuten, warum es gerade diese Menschen sind. Was tun sie oder was tun sie nicht, dass du in ihrer Gegenwart von Selbstzweifeln geplagt bist und nicht mehr auf dich und deine Fähigkeiten vertrauen kannst? Wovor hast du Angst? Da könnte zum Beispiel stehen: „Ich habe Angst vor Kritik. Oder ich habe Angst, nicht gemocht zu werden.“ Ich weiß, es ist nicht ganz einfach, so etwas aufzuschreiben, aber wie schon gesagt: Es ist immer gut, den Dingen einmal in die Augen zu schauen, denn dann kennst du das Problem.

So, nun geht’s aber erst mal an die Aufgabenblätter für heute. Nimm dir Zeit dafür, denk ausführlich darüber nach. Wir sehen uns morgen wieder!

Wie wäre es mit einem Spaziergang nach dieser intensiven Einheit?

DEINE PROBLEMFELDER

Hier siehst du 5 Kreise, die für Freunde, Familie, Partnerschaft, Job und „unterwegs" stehen. Nun überleg, in welchen Bereichen du dich nicht selbstbewusst fühlst und wo genau das Problem liegt.

FAMILIE

BEISPIEL: Ich habe Angst, im Meeting etwas zu sagen.

BEISPIEL: Ich traue mich nicht, Fremde nach dem Weg zu fragen.

UNTERWEGS

JOB

FREUNDE

PARTNERSCHAFT

Erkennst du ein Muster? Sind es bestimmte Personengruppen, in deren Anwesenheit du nicht selbstbewusst bist? Überleg, warum es gerade diese Menschen sind. Wovor hast du Angst? Notier, was dir in den Kopf kommt.

Tag 5

Miniaufgaben als Herausforderung: Beweis dir selbst deinen Mut

Hallo, schön, dass du heute wieder da bist. Ich weiß, gestern ging es ordentlich zur Sache, denn da solltest du aufschreiben, wo bei dir der Schuh drückt und wovor du am meisten Angst hast. Bitte lass dich davon nicht entmutigen, auch nicht, wenn dein Aufgabenblatt am Ende sehr voll geworden ist. Wir haben alle unsere Probleme, unsere Momente, in denen wir mehr oder weniger selbstbewusst sind. Das ist total okay und nichts, wofür man sich schämen müsste. Das Gute ist, dass wir alle daran arbeiten können – auch du!

So, und damit steigen wir auch schon in die heutige Einheit ein. Dafür brauchen wir die ausgearbeitete Aufgabe von gestern. Heute werfen wir noch mal einen Blick auf die Lebensbereiche, in denen du dich nicht besonders selbstbewusst fühlst, zum Beispiel im Job. Nun reicht es leider nicht, dir zu sagen, dass du super bist, um diese Selbstzweifel ablegen zu können. Das würdest du dir nämlich nicht so richtig glauben. Unser Verstand braucht Beweise, bevor er sagt: „Okay, du hast recht."

Bis jetzt hat er vermutlich nur eine lange Liste mit Beweisen dafür, dass du nicht selbstbewusst bist beziehungsweise selbstbewusst reagiert hast – und an der hält er fest. Die Lösung dieses Dilemmas: Wir brauchen eine neue Liste, und zwar eine mit Gegenbeweisen, damit dein Verstand dazu bereit ist, seine Meinung über dich noch einmal zu überdenken und abzulegen.

Aber woher bekommen wir die Gegenbeweise? Richtig, du ahnst es: Die wirst du dir heute selbst überlegen – und dann nach und nach abarbeiten. Ich weiß, das kostet Überwindung und wird sich in den ersten Tagen mit Sicherheit nicht besonders einfach anfühlen, zumindest nicht unmittelbar davor. Aber du wirst enorm daran wachsen, das kann ich dir sogar versprechen.

Und das Tolle ist: Du legst die Beweisliste selbst an. Das bedeutet: Du bestimmst, wie weit du gehen möchtest, wie viel du dich trauen möchtest. Also los geht's. Schnapp dir einen Bereich, in dem du gerne selbstbewusster sein möchtest, und überleg dir für die nächsten zehn Tage eine Liste mit kleinen Miniaufgaben, die deinem Verstand zeigen: Guck mal, ich bin sehr wohl selbstbewusst. Und zwar, weil du dich jeden Tag ein kleines Stück aus deiner Komfortzone herauswagst und dich überwindest, genau solche Dinge zu tun, bei denen du von Selbstzweifeln geplagt wirst.

Ganz wichtig dabei ist: Überfordere dich nicht! Es sollen nur ganz einfache Aufgaben sein, die du in den nächsten zehn Tagen angehst, also wirklich nur Miniaufgaben. Sinn der Sache ist, dass du dich jeden Tag ein kleines bisschen überwindest und den Schwierigkeitsgrad am besten täglich steigerst. Und wenn das mal nicht klappt, dann ist das auch okay, wir machen es in deinem Tempo. Aber, ich bin ganz ehrlich, mein Job ist es ja schon, dich ein wenig zu pushen. Und das mach ich in der vollen Zuversicht, dass du es schaffst.

Ich gebe dir mal ein Beispiel: Wenn du es schwer findest, selbstbewusst vor deinen Kolleginnen und Kollegen zu sprechen, dann wählst du für Tag 1 deiner Liste keine spontane PowerPoint-Präsentation vor der gesamten Belegschaft aus, sondern nimmst dir vor, dich im Meeting mindestens einmal am Gespräch zu beteiligen, und wenn es nur ein einziger Satz ist. Am zweiten Tag nimmst du dir vor, in der Kaffeeküche einen netten Kollegen anzusprechen, um deine Small-Talk-Fähigkeiten auszubauen. Und am achten Tag nimmst du dir vielleicht vor, bei deiner Vorgesetzten einen Vorschlag oder eine Idee zu äußern. Fang einfach an, dir zu überlegen, was für dich und den Lebensbereich, den du dir ausgesucht hast, passen könnte. Aber bitte denk in kleinen Schritten! Ich gebe dir einen kleinen Tipp: Es kann auch helfen, erst mal zu überlegen, was du in zehn Tagen, also an Tag 10 schaffen möchtest. Und dann schaust du mal, ob du dich da mit kleinen Schritten hinarbeiten kannst.

Das Tolle an dieser Aufgabe ist, dass du ab morgen jeden Tag mindestens einen Beweis für deinen Mut und dein neues Selbstbewusstsein sammeln wirst, und du wirst merken, dass du schon bald sehr, sehr stolz auf dich sein wirst. Ich bin es auf jeden Fall! Übrigens: Im Laufe dieses Coachings werden wir noch öfter kleine Selbstüberwindungsaufgaben einbauen – das wird super! Ja, ich weiß, vielleicht klingt das jetzt ein wenig aufregend, aber dafür bist du ja nun mal auch hier. So, und nun geht's ans Eingemachte. Ich wünsche dir viel Erfolg beim Erstellen deines Plans. Du packst das!

DIE BEWEISAUFNAHME

Schau dir die ausgearbeitete Aufgabe von gestern noch mal ganz genau an. Welcher Bereich belastet dich aktuell am meisten? Wo möchtest du dringend selbstbewusster werden? Notier den Bereich unten und überleg dir für die nächsten zehn Tage eine Liste mit zehn kleinen Miniaufgaben, die deinem Verstand zeigen: Guck mal, ich bin sehr wohl selbstbewusst.

In diesem Bereich möchte ich selbstbewusster werden:

_ _ _ _ _ _ _ _ _ _

MEINE 10 SELBSTBEWUSSTSEINS-CHALLENGES

BEISPIEL: Eine Kollegin fragen, ob sie Lust hat, gemeinsam zu Mittag zu essen.

Mein Tipp

Überfordere dich nicht. Es sollen wirklich ganz kleine Aufgaben sein, die sich von Tag zu Tag steigern. Und ganz wichtig: Wenn du dich mal nicht überwinden kannst, ist das kein Grund, traurig zu sein. Geh die Challenge am nächsten Tag einfach noch einmal an. Ich glaube an dich!

Tag 6

So stehst und sitzt du richtig: Die Basics einer selbstbewussten Körperhaltung

Willkommen zurück! Schön, dich wiederzusehen.

Heute ist der erste Tag, an dem du eine deiner zehn persönlichen Miniaufgaben umsetzen wirst. Und? Bist du schon aufgeregt und fragst dich, wie du die Sache am besten angehen sollst? Spürst du schon dieses kleine Kribbeln im Bauch, das man immer dann bekommt, wenn man aufgeregt ist? Gut so, dann kann's ja losgehen!

Ich möchte dir vorher gerne noch ein paar Tipps mit auf den Weg geben, und zwar eine kleine Wiederholung in Sachen selbstbewusster Körperhaltung. Denn auch wenn wir eigentlich alle wissen, wie wir stehen sollten, tun es leider nur die wenigsten. Aber Fakt ist: Mit einer selbstbewussten Körperhaltung ist die halbe Miete schon gewonnen. Wer selbstbewusst steht und geht, der kommt auch so rüber – und fühlt sich selbst auch so.

Also, hier mal die Basics eines selbstbewussten Auftretens: Steh aufrecht. Ja, richtig, ist total simpel, aber die effektivste Übung überhaupt, übrigens auch für deinen armen Rücken. Denn: Eine schlaffe, zusammengefallene Körperhaltung mit hängenden Schultern wirkt auch genau so: schlaff, eingefallen, unsicher, traurig – und dazu auch noch nicht besonders schön. Wenn du aber gerade stehst, dann wird aus dir gleich eine völlig andere Person.

Die Basics einer selbstbewussten Körperhaltung:

- STELL DICH AUFRECHT HIN UND MACH DICH GROSS.
- DER KOPF GEHT GERADEAUS, DAS KINN LEICHT NACH OBEN.
- DIE SCHULTERN ETWAS NACH HINTEN ZIEHEN.
- DIE BRUST STRECKST DU NACH VORNE.
- DIE FÜSSE STEHEN ETWA HÜFTBREIT AUSEINANDER.
- DIE ARME UND HÄNDE LOCKER NEBEN DEM KÖRPER HÄNGEN LASSEN.
- DIE AUGEN SUCHEN BLICKKONTAKT MIT DEM GEGENÜBER.

Für ein selbstbewusstes Sitzen gelten ähnliche Vorgaben:

- SETZ DICH AUFRECHT HIN.
- LEHN DICH HINTEN AN.
- LEG DIE ARME AUF DIE STUHLLEHNEN.
- DIE SCHULTERN SIND GERADE.
- HALT ABSTAND VOM TISCHRAND.

So wirkst du rundum souverän und offen. So, und nun noch ein paar Dinge, die du unbedingt lassen solltest:

1. GEWÖHN ES DIR AB, AM REISSVERSCHLUSS, IN DEN HAAREN ODER IM GESICHT RUMZUFUMMELN. DAS WIRKT UNSICHER.
2. VERMEIDE HEKTISCHE AUGENBEWEGUNGEN.
3. TRIPPEL NICHT VOM EINEN FUSS AUF DEN ANDEREN, SONST FRAGT DICH NOCH JEMAND, OB DU AUFS KLO MUSST.
4. NIMM DIE HÄNDE AUS DEN HOSENTASCHEN.
5. VERSCHRÄNK DIE ARME NICHT VOR DEM KÖRPER, DAS WIRKT ABLEHNEND.

So, und nun möchte ich, dass du das alles selbst mal ausprobierst – und zwar vor einem Ganzkörperspiegel oder zumindest vor einem großen Badezimmerspiegel. Stell dich davor und übe die Körperhaltung ein. Beobachte genau, wie du dich veränderst, wenn du etwas an deiner Haltung veränderst, von vorne und im Profil. Cool, oder? Das Gleiche machst du auch im Sitzen. Schnapp dir wirklich einen Stuhl und setz dich vor den Spiegel. Und beobachte mal einen Moment, wie cool das aussieht. Wenn du jetzt noch einen obendrauf setzen möchtest, lächelst du dich auch noch an. Schau mal, wie souverän du rüberkommst. Total cool, total selbstbewusst, oder? Klar, diese Dinge musst du üben und dich immer wieder selbst daran erinnern. Mir hat es zum Beispiel geholfen, mir ein Post-it an den Bildschirm meines Rechners zu kleben. Da steht „Haltung" drauf – und immer wenn ich dort hinsehe, erinnere ich mich quasi selbst daran, mich wieder aufzurichten. Solche Zettel kannst du im Büro verteilen, aber natürlich auch zu Hause. Auf dem Spiegel im Bad, am Kühlschrank, wo auch immer.

Auf dem Aufgabenblatt für heute findest du sechs Kärtchen zum Kopieren und anschließenden Ausschneiden und noch mal die Basics einer tollen Haltung. Die kannst du dir auch gerne kopieren und ausschneiden und an einen Ort hängen, an dem du häufig vorbeikommst. So, und nun ab vor den Spiegel und Haltung zeigen. Wir sehen uns morgen wieder, aufrecht, mit geradem Rücken.

HALTUNG ZEIGEN

Wer selbstbewusst steht und geht, der kommt auch so rüber – und fühlt sich auch so. Das sind die Basics einer selbstbewussten Körperhaltung:

So stehst du selbstbewusst:

- STELL DICH AUFRECHT HIN UND MACH DICH GROSS. DER RÜCKEN IST GERADE.
- DER KOPF GEHT GERADEAUS, DAS KINN LEICHT NACH OBEN.
- DIE SCHULTERN ETWAS NACH HINTEN ZIEHEN.
- DIE BRUST STRECKST DU NACH VORNE.
- DIE FÜSSE STEHEN ETWA HÜFTBREIT AUSEINANDER.
- DIE ARME UND HÄNDE LOCKER NEBEN DEM KÖRPER HÄNGEN LASSEN.
- DIE AUGEN SUCHEN BLICKKONTAKT MIT DEM GEGENÜBER.

So sitzt du selbstbewusst:

- SETZ DICH AUFRECHT HIN.
- LEHN DICH RUHIG HINTEN AN.
- LEG DIE ARME AUF DIE STUHLLEHNEN.
- DIE SCHULTERN SIND GERADE.
- HALT ABSTAND VOM TISCHRAND.

Mein Tipp

Übe diese Posen vor einem Ganzkörperspiegel oder zumindest vor einem großen Badezimmerspiegel. Beobachte genau, wie du dich veränderst, von vorne und im Profil. Wenn du die Haltung draufhast, kommt die nächste Challenge: Lächle dich im Spiegel an. Schau mal, wie souverän du gerade rüberkommst. Toll, oder?

Damit du diese Basics nicht vergisst, findest du hier sechs kleine Erinnerungskärtchen zum Kopieren. Schneide die Kärtchen anschließend aus und verteil sie in deiner Wohnung, zum Beispiel am Schreibtisch oder am Badezimmerspiegel, damit du immer wieder daran erinnert wirst, die Schultern nicht hängen zu lassen, sondern gerade und aufrecht zu sitzen.

Tag 7

Wie Ernährung, Bewegung und Kleidung dazu beitragen können, dich wohlzufühlen

Hallo, schön, dass du wieder da bist und noch immer Lust hast, an dir und deinem Selbstbewusstsein zu arbeiten. Heute möchte ich mit dir über eine sehr wichtige und vor allem emotionale Sache sprechen, und zwar über das Thema Wohlfühlen. Und da möchte ich dir auch gleich die erste Frage stellen: Fühlst du dich wohl? Wohl in deiner Haut?

Die meisten Menschen, die ich kenne, antworten auf diese Frage äußerst ... ähh ... zögerlich. Es ist schließlich eine sehr persönliche Frage. Ob man sich selbst gut findet, ob man sich schön und wohl fühlt. So, wie man ist. Fakt ist: Die meisten selbstbewussten Menschen finden sich gut. Sie mögen sich von Kopf bis Fuß, auch wenn sie nicht perfekt sind, Ecken und Kanten haben, eine schiefe Nase besitzen und hier und da ein paar Kilos zu viel oder zu wenig haben. Denen ist es schnurzpiepe, die mögen sich einfach. Eine super Sache! Menschen mit wenig Selbstbewusstsein finden sich hingegen eher weniger gut oder – sagen wir es, wie es ist – sie fühlen sich richtig schlecht. Mir haben schon oft Leute anvertraut, auch aus meiner Community, dass sie sich für ihr Aussehen schämen, dass sie sich hässlich fühlen, zu dick oder zu dünn, nicht muskulös genug oder was auch immer. Klar, jeder hat mal Tage, an denen man sich fühlt wie ausgekotzt (sorry!). Aber darum geht es hier nicht. Es geht um das grundsätzliche Bild, das du von dir selbst hast. Und das Absurde ist: Selbst die, die eigentlich nichts zu meckern haben, stehen oft mit so viel Selbsthass vor dem Spiegel, dass es wehtut.

Der Ursprung allen Übels, das haben wir ja schon in der zweiten Einheit dieses Coachings gelernt, liegt in der Regel in unserer Kindheit. Das, was wir früher von unseren engsten Bezugspersonen eingetrichtert bekommen haben, werden wir oft ein Leben lang nicht mehr los, weil es noch immer in unserem Kopf herumspukt – und bewusst oder unterbewusst mitschwingt. Unter Umständen kann es daher hilfreich sein, therapeutische Hilfe in Anspruch zu nehmen, um sich von diesen blockierenden Glaubenssätzen zu befreien.

So, aber heute wollen wir erst mal darüber sprechen, wie du dich selbst stärken kannst, denn da gibt es ein paar Sachen, die du tun kannst, um dich besser und wohler in deiner Haut zu fühlen. Ich möchte dabei aber unbedingt noch mal betonen, dass es dabei nicht darum geht, in irgendeiner Form „besser" oder „schöner" oder „dünner" oder was weiß ich zu werden. Es geht hier nicht darum, Schönheitsidealen nachzueifern oder irgendeiner absurden Norm zu entsprechen. Nein, es geht ausschließlich darum, dass du dich wohler in deiner Haut fühlst.

Der springende Punkt an dieser Stelle ist das Wort Selbstfürsorge. Du erinnerst dich: Wenn du etwas für dich selbst tust, dann zeigst du dir selbst damit: Alles klar, du bist es mir wert, dass ich mich um dich kümmere. Du umsorgst dich selbst und siehst zu, dass dein Körper nur das Beste bekommt. Das umfasst diverse Lebensbereiche, zum Beispiel ...

1. Die Ernährung

Wenn du deinen Körper mit gesunden Lebensmitteln versorgst, wird es dir ganz automatisch besser gehen. Wieso? Ganz klar: Zum einen, weil du rundum versorgt bist, mit allen Nährstoffen, die dein Körper braucht, um den Laden am Laufen zu halten. Zum anderen, weil du ihm die ganzen fiesen Sachen, wie Zucker, Transfette und Alkohol, vom Leib hältst. Ich weiß, so eine Ernährungsumstellung ist anfangs nicht ganz einfach, aber du tust das ja für dich, damit es dir gut geht, damit es dir und deinem Körper an nichts fehlt. Und weil du es dir wert bist, steigt auch ganz automatisch dein Selbstwert. Und noch mal: Hier geht es nicht darum, Diät zu halten, Kalorien zu zählen oder auf alles zu verzichten, was Spaß macht. Es geht vielmehr darum, dir eine grundsätzlich gesunde Ernährungsweise anzugewöhnen, nicht weil ich oder dein Arzt oder deine Ärztin es sagen – sondern weil DU es so willst, für dich!

2. Bewegung & Sport

Ja, ich weiß, das hast du auch schon tausendmal gelesen und gehört, aber ähnlich wie eine gesunde Ernährung helfen dir auch Sport und Bewegung, dich wohler in deiner Haut zu fühlen. Nicht aus Figurgründen oder weil du dünner oder muskulöser werden sollst, nein, weil du merkst, dass du etwas draufhast und dich steigern kannst. Egal, ob du Kraft- oder Ausdauertraining machst – wenn du Sport treibst, merkst du ganz automatisch, dass du mit der Zeit leistungsfähiger wirst und mehr Power hast – und das beflügelt, das kann ich dir versprechen. Und noch dazu tust du dir und deinem Körper etwas Gutes und hältst ihn in Schuss, damit er fit und beweglich bleibt. Du hast mehr Energie, mehr Kraft, mehr Ausdauer – und für viele Menschen ganz entscheidend: Du hast weniger Rückenschmerzen, baust Stress ab, bist entspannter.

Aber: Nun traust du dich vielleicht noch nicht sofort, alleine loszustiefeln und im Fitnessstudio einen Termin zu vereinbaren – dafür braucht man ja alleine schon eine ordentliche Portion Selbstbewusstsein, und die hast du heute vielleicht noch nicht. Aber vielleicht fragst du heute Abend noch eine gute Freundin oder einen Kumpel, ob sie oder er dich begleitet. Oder du trainierst erst mal zu Hause, mit Onlinekursen, YouTube-Videos oder Fitness-DVDs zum Beispiel. Du kannst aber natürlich auch erst mal damit starten, dass du mehr Alltagsbewegung bekommst, mehr Fahrrad fährst oder jeden Tag eine Stunde spazieren gehst. Du wirst sehen, das wird dir wahnsinnig guttun. Weil du das für dich machst, damit es dir gut geht. Also überleg dir heute gerne mal, worauf du Lust hättest, was dir guttun könnte.

3. Kleidung

So, und nun kommen wir doch noch einmal zu einem Optikfaktor, aber auch hier – und das betone ich noch einmal – geht es nicht darum, dass du schöner, attraktiver oder sexyer aussehen sollst. Nein, es geht immer noch um den Faktor „wohlfühlen". Kleidung, die zu unserer Persönlichkeit passt und uns so fühlen lässt, wie wir uns fühlen wollen, gibt uns nämlich automatisch Bestärkung, Sicherheit und Zufriedenheit. Hier ein Beispiel: Du bist zu einem Vorstellungsgespräch eingeladen und im Internet findest du einen Artikel, in dem steht, dass ein Kostüm bei einem solchen Gespräch immer gut ankommt. Aber als du das Kostüm anhast, merkst du: Moment mal, das bin ich doch gar nicht, das passt doch gar nicht zu mir, darin fühle ich mich wie ein Clown. Tja, aber du behältst es trotzdem an, gehst zum Vorstellungsgespräch und fühlst dich – richtig – wie ein Clown. Und strahlst das auch mit jeder Faser deines Körpers aus. Keine guten Voraussetzungen für ein gelungenes Vorstellungsgespräch!

So, nehmen wir noch ein weiteres Beispiel: Eine andere Frau, die ebenfalls ein Vorstellungsgespräch hat. Sie hat ebenfalls ein Kostüm im Schrank hängen, aber für sie symbolisiert dieses Kostüm ein echtes Poweroutfit. Wenn sie dieses Outfit trägt, fühlt sie sich kompetent, stark und selbstsicher, was super ist. Für sie ist es genau das richtige Outfit. Kleidung, in der sie sich stark und wohl fühlt.

Ich kann dir also nur empfehlen: Schau in deinen Kleiderschrank und sortier alles aus, worin du dich in Wirklichkeit gar nicht gut fühlst. Alles, was du nicht magst oder worin du dich schon immer unsicher gefühlt hast. Aber alles, worin du dich stark und gut fühlst, das holst du nach vorne. Das sind die Sachen, die du tragen solltest, ganz gleich, ob die nun angesagt, oldschool, schick oder leger sind.

Wenn du dir unsicher bist, welche Sachen das sein könnten, schnappst du dir am besten eine gute Freundin oder einen Freund und ihr erledigt den Job gemeinsam. Aber auch hier gilt: Am Ende zählt dein Urteil, nicht das der anderen. Du musst dich gut fühlen. Es hilft nämlich nicht, wenn deine beste Freundin das Kostüm umwerfend an dir findet, du dich aber trotzdem fühlst, als hättest du – nun ja – ein Kostüm an. Das ist wichtig!

So, das war eine Menge Input für heute. Einfach mal drüber nachdenken, an der Ernährung drehen, mehr bewegen und schauen, worin du dich wirklich wohlfühlst. Ich kann das nur empfehlen. Und wir sehen uns morgen wieder. Mach's gut!

Wichtig ist, dass du dich wohlfühlst!

Tag 8

Dein Date mit dir: Nimm dir regelmäßig Zeit für dich!

Puh, was für 'ne Woche. Ist das nicht irre? Du hast schon eine ganze Woche geschafft! So, und deswegen ist heute auch der perfekte Tag, um dir selbst etwas richtig Gutes zu tun. Wieso? Du ahnst es schon: Weil du es dir wert bist. Du weißt ja, Menschen mit einem hohen Selbstwertgefühl gönnen sich auch mal Auszeiten, weil sie ihre Bedürfnisse wichtig nehmen, statt immer nur für andere da zu sein und zu funktionieren. Und aus diesem Grund gibt es heute auch nur eine einzige Aufgabe: Verbring den heutigen Abend ganz bewusst mit ein paar richtig schönen Stunden „Me-Time", also mit einer Auszeit nur für dich.

Und was könntest du da machen? WAS DU WILLST! Vielleicht verkrümelst du dich mit einem guten Buch aufs Sofa oder du schaust dir einen coolen Film im Fernsehen, auf Netflix, Disney, Sky, Amazon oder wo auch immer an. Mach dir am besten schon tagsüber einen kleinen Plan, was du heute Abend alles machen möchtest und wann der Abend beginnt. Schreib dafür eine genaue Uhrzeit auf. Und kauf für diesen Abend dein Lieblingsessen ein. Wie für ein Date mit dir selbst. Heute darfst du dich verwöhnen und alle belastenden Gedanken haben dann mal Pause. Das Handy wird auf stumm geschaltet und du darfst dich erholen, lachen und genießen – ganz egal, was da draußen passiert. Davon hast du heute Abend Urlaub.

DEIN DATE MIT DIR

Auf dem Aufgabenblatt für heute findest du eine leere Me-Time-Liste. Darauf kannst du alles notieren, worauf du mal wieder Lust hättest.

MEIN ABEND MIT MIR BEGINNT UM: ______ UHR

MEINE IDEEN FÜR MEINE KLEINE AUSZEIT:

Mein Tipp

Schalt dein Smartphone aus und verschaff dir eine kurze Verschnaufpause von der digitalen Welt. Das ist wie Urlaub!

Tag 9

Selbstzweifel haben ihre Ursache oft darin, dass wir uns mit anderen, mit „Überfliegern“ vergleichen

Hallo, da bist du ja wieder. Schön, dass du da bist. Heute ist schon Tag 9 und ich finde, du hast schon ganz schön viel geschafft. Darauf kannst du echt stolz sein.

„Ach, neee, so viel hab ich ja gar nicht geschafft, und stolz sein, auf so was kann man doch noch gar nicht stolz sein. Dafür bin ich ja noch lange nicht selbstbewusst genug.“

Ah, hast du das auch gerade gehört? Zack, da war sie wieder, deine innere Stimme, die dir schon wieder ein paar gesalzene Selbstzweifel unterjubeln wollte. Heute werden wir uns mit genau diesen Selbstzweifeln auseinandersetzen und schauen, wo die eigentlich herkommen, diese fiesen kleinen Biester.

Grundsätzlich kann man sagen, dass unsere innere Stimme aus verschiedenen Töpfen schöpfen kann. Stell dir das ruhig mal wie einen Herd vor, auf dem verschiedene Töpfe stehen und vor sich hin köcheln. Und unser innerer Zweifler oder unsere innere Miesepetra steht den ganzen Tag vor dem Herd und rührt alle Töpfe kräftig um. Tja, und wenn es sich ergibt, dann kommt die Kelle und uns wird ein ordentlicher Schlag Selbstzweifel-Eintopf serviert, und der schmeckt – genau – richtig ekelig: bitter, scharf und versalzen. Kennst du, oder? Wahrscheinlich hattest du heute schon deine Portion, wie die meisten von uns. Aber woher kommen diese Selbstzweifel bloß? Irgendwer muss sie ja in die Töpfe geschnippelt haben, oder nicht? In den kommenden Tagen wollen wir uns jeden Tag einen der Kochtöpfe vorknöpfen und herausfinden, was da eigentlich alles vor sich hin brodelt. Und heute machen wir gleich mal den ersten Deckel auf:

Oh, was haben wir denn hier? Ich hör es schon, da flüstert jemand: „Heidi ist viel attraktiver als du. Und deine Teamleiterin ist viel besser in ihrem Job, und du ... pfff."

Oha, Deckel schnell wieder drauf. Da hab ich wohl den Vergleiche-Eintopf erwischt. Na, köchelt der auch auf deinem Herd? Wenn ich da so reinschaue, schwimmt da eine bunte Mischung an Vergleichen drin. Denn die mögen wir schließlich alle gern. Wir lieben es nämlich, uns mit anderen zu vergleichen. Eigentlich machen wir das sogar den lieben langen Tag, immer wieder, aus den unterschiedlichsten, teils völlig absurden Gründen. Du kennst das sicher von dir selbst: Die anderen sind immer schöner, schlanker, muskulöser, klüger, lustiger, reicher, beliebter, erfolgreicher, sie duften besser, haben mehr, äh ... Die Liste ist eigentlich unendlich erweiterbar. Und das Ergebnis ist eigentlich immer gleich: Wir stinken ab. Wenn wir uns mit anderen vergleichen, ziehen wir fast immer den Kürzeren. Wieso? Ganz einfach: Wir vergleichen uns nahezu immer mit den völlig falschen Leuten. Und zwar mit Menschen, die in unseren Augen heller strahlen, schöner und erfolgreicher sind. Mit Supermodels, mit Schauspieler*innen und Künstler*innen, mit Promis, Stars und Sternchen oder neuerdings auch mit Influencer*innen. Ist ja klar, dass wir uns neben so jemandem wie die allerletzte Wurst fühlen, wie eine Versagerin oder ein totaler Loser.

Wenn wir solche Vergleiche anstellen, dann vergleichen wir allerdings Äpfel mit Birnen. Und das ist vor allem eines: richtig, richtig unfair. Auf diese Weise stufen wir uns nämlich nach allen Regeln der Kunst selbst herab. Richtig gehört: Das machen wir selbst, nicht die anderen.

Zum Glück gibt es aber einen Ausweg aus der ganzen Misere, und zwar, indem wir uns mit den richtigen Personen messen. Und wer könnte das sein? Ganz klar, denkst du jetzt vielleicht. Wenn ich mich schon nicht mit den Überfliegern vergleichen soll, dann schau ich doch am besten gleich mal nach unten. Auf einen Menschen, der schlechter aufgestellt ist. Klingt fiiies, oder? Aber genau das machen wirklich viele Leute, ich sag nur Trash-TV. Das ist der klassische Abwärtsvergleich, nach dem man sich selbst sofort wieder besser fühlt, weil man sich sagen kann: „Alles klar, soooo tief bin ich dann doch noch nicht gesunken."

Funktioniert immer, so ein Abwärtsvergleich, das ist ganz klar. Aber du ahnst sicher schon, dass so ein Vergleich echt unfair ist, vor allem dem gegenüber, den wir damit herabsetzen, indem wir ihn oder sie einfach zu unseren Gunsten verurteilen, obwohl wir das ehrlicherweise gar nicht beurteilen können. Hast du auch schon mal so einen Abwärtsvergleich vorgenommen? Vielleicht sogar unbewusst? Das geschieht übrigens nicht nur beim Trash-TV-Schauen, sondern auch im Alltag, im Supermarkt zum Beispiel, wenn uns plötzlich so richtig fiese Gedanken in den Kopf schießen und man so denkt: „Puh, also der da ... der hat ja auch die Kontrolle über sein Leben verloren. Dagegen hab ich es ja total drauf." Ja, klingt richtig fies und gemein, wenn man es laut ausspricht, oder?

Also: Sollten wir es dann nicht doch besser gleich lassen mit dem Vergleichen? Oder kann man dem Ganzen vielleicht doch noch etwas Gutes abgewinnen? Fragt man Psychologen, dann steckt hinter dem ewigen Vergleichen ja das Bedürfnis, sich im Vergleich mit anderen einzuordnen. Nach dem Motto: Alles klar, die sind besser, die sind schlechter, hier stehe ich, läuft. Und natürlich schlummert in jedem von uns der instinktive Wunsch, besser zu werden. Also voranzukommen, sich weiterzuentwickeln und das Beste aus sich zu machen. Und das ist ja erst mal nicht verkehrt, sondern sogar sehr gut. Aber – und jetzt kommt der entscheidende Punkt – das funktioniert nur, wenn wir uns mit jemandem messen, der uns nicht meilenweit überlegen, sondern ebenbürtig oder minimal „besser" ist. Denn dann zerschmettert uns der Vergleich nicht, sondern wir können am Vergleichen wachsen, denn solche Menschen können uns anspornen und sozusagen das Beste aus uns herauskitzeln.

Hier noch mal ein Beispiel: Wenn du mit Usain Bolt joggen gehst und genauso schnell sein möchtest wie er, dann wirst du immer abstinken. Wieso? Wer Usain Bolt kennt, der weiß, dass er achtfacher Olympiasieger, elffacher Weltmeister und Weltrekordhalter in verschiedenen Distanzen ist. Er ist ein Überflieger in Sachen Laufen und jeder Vergleich mit ihm würde dich fix und fertig machen. Gehst du aber mit einem Kollegen aus dem Büro joggen, der vielleicht genauso viele Monate läuft wie du, dir aber in der Kaffeepause erzählt, dass er auf zehn Kilometer drei Minuten schneller läuft, dann ist das ein idealer Jogging- und Vergleichspartner – denn ihr könnt euch quasi aneinander messen. Und nicht nur das: Ihr könnt euch gegenseitig anspornen, noch ein bisschen schneller zu laufen, euch motivieren, nicht aufzugeben und durchzuhalten. Usain Bolt könnte das nicht, der ist nämlich schon 30 Minuten vor dir im Ziel.

Und ich hab noch ein Beispiel für dich. Stell dir vor, du fängst einen neuen Job an und schon nach kurzer Zeit bist du superdeprimiert, weil deine Kollegin immer das ganze Lob einheimst und man bei dir immer mal wieder Kritikpunkte findet. Vergleichst du euch jetzt miteinander, bist du wahrscheinlich total frustriert und wirst von Tag zu Tag unsicherer, vielleicht weil du irgendwann anfängst zu glauben, dass du einen schlechten Job machst. Aber tatsächlich hast du dich mit jemandem verglichen, der eine Birne ist, während du ein Apfel bist. Wieso? Du hast völlig vergessen zu bedenken, dass deine Kollegin, die das ganze Lob einheimst, schon 15 Jahre mehr Berufserfahrung hat und zudem schon seit fünf Jahren in dem Unternehmen arbeitet. Sie kennt die Abläufe besser als du, sie weiß, wie die Anforderungen sind, wer welche Befindlichkeiten hat und so weiter. Wenn du dich also weiter mit ihr vergleichst, dann wirst du von Tag zu Tag unsicherer werden und dein Selbstwertgefühl wird den nächsten Aufzug nehmen, runter in den Keller. Darum: Sag dir immer wieder, dass du dich nicht mehr mit Person XY vergleichen musst. Und dass es okay ist, nicht alles perfekt zu können. Es ist okay, wenn du dieses oder jenes nicht oder nicht so gut wie andere kannst. Du musst nicht alles können. Es wird immer Menschen geben, die etwas besser können als du. Deine Kollegin und Usain Bolt zum Beispiel. Aber das ist total in Ordnung. Du kannst andere Sachen sehr gut. Und auch dort gilt: Du musst nicht besser werden. Stattdessen solltest du lernen zu schätzen, wer du bist und was du super kannst.

Und das alles heißt natürlich nicht, dass du dir nicht trotzdem ein paar Tipps von Usain Bolt und deiner Kollegin holen kannst. Du kannst von Überfliegern lernen – nur vergleichen und das Gleiche von dir erwarten solltest du nicht, um dein Selbstwertgefühl zu schützen.

So, und nun wollen wir mal einen Blick auf uns selbst werfen. Nimm dir das Aufgabenblatt für heute und eine Viertelstunde Zeit und überleg dir, mit wem du dich eigentlich alles vergleichst. Gibt es da jemanden? Ist das ein Vergleich auf Augenhöhe, der dich weiterbringen kann? Oder ist es ein Vergleich mit einem Überflieger? Auf dem Aufgabenblatt findest du Fragen, die dir beim Beantworten helfen. So, viel Erfolg beim Vergleicheaufspüren, wir sehen uns morgen wieder und sprechen über den nächsten Kochtopf.

Viel Erfolg beim Vergleicheaufspüren!

DER VERGLEICHE-EINTOPF

Nimm dir eine Viertelstunde Zeit und überleg, mit wem du dich eigentlich alles vergleichst. Gibt es da jemanden? Ist das ein Vergleich auf Augenhöhe, der dich weiterbringen kann? Oder ist es ein Vergleich mit einem Überflieger, der dich immer wieder runterzieht? Bitte beantworte die folgenden Fragen ganz in Ruhe:

1. MIT WEM VERGLEICHST DU DICH IM MOMENT HÄUFIGER? NOTIER ALLE PERSONEN UND DAS THEMA DES VERGLEICHS (Z. B. DIE FIGUR, DAS AUFTRETEN IM JOB ETC.).

2. WELCHE DIESER VERGLEICHE VERURSACHEN IN DIR EIN GEFÜHL DER SCHWÄCHE? KREIS ALLE NAMEN EIN, DIE IN DIESE KATEGORIE FALLEN.

3. NUN ÜBERLEG, OB DU DIESE VERGLEICHSPERSON NICHT GEGEN EINE GEEIGNETERE PERSON AUSTAUSCHEN KANNST – GEGEN EINEN MENSCHEN AUF AUGENHÖHE.

Mein Tipp

Überleg auch, was du eigentlich von dem Vergleich hast. Was lernst du daraus? Oder erkennst du gerade, dass der Vergleich eigentlich total nutzlos ist oder auch ein Überbleibsel von früher, zum Beispiel aus der Pubertät? Diese unnützen Vergleiche darfst du mit dem Rest deines Vergleiche-Eintopfs auf dem Kompost entsorgen.

Tag 10

Selbstvorwürfe haben meist ihren Ursprung in negativen Glaubenssätzen aus der Vergangenheit

Hi! Gestern haben wir ja schon mal über unseren inneren Zweifler gesprochen, der uns das Leben mit seinen blöden Sprüchen manchmal ganz schön versalzen kann. Wir haben uns vorgestellt, wie er den ganzen Tag am Herd steht und in verschiedenen Töpfen seine Selbstzweifel-Süppchen anrührt und nur darauf wartet, uns eine schöne, deftige Kelle davon servieren zu können: „Patsch, hier haste deine Portion."

Gestern haben wir auch schon gemeinsam in den ersten Topf geschaut. Darin waren die ewigen Vergleiche mit anderen, vermeintlich besseren, schöneren oder kompetenteren Menschen, die uns ganz schön fertigmachen und ins Zweifeln bringen können. Wir haben aber auch festgestellt, dass es auch gute Vergleiche gibt, an denen wir wachsen können. Und zwar Vergleiche auf Augenhöhe. Sie neutralisieren die salzige Suppe, die unser innerer Zweifler kocht. So, und heute, da schauen wir gleich mal in den nächsten Topf. Ich hör schon, was da drin abgeht:

„Kannst du nicht aufpassen? Du machst dich doch lächerlich. Wie kannst du nur!"

Oha, den mach ich gleich wieder zu. Und schau gleich mal in den hier:

„Oh nein, warum hab ich das nur gemacht? Wie konnte ich das vergessen? Immer mach ich alles falsch."

Du hörst es schon: In diesen zwei Töpfen köcheln Selbstvorwürfe nach Art des Hauses. Die meisten von uns kennen diese Selbstvorwürfe, die immer dann laut werden, wenn wir etwas versemmelt haben. Wir haben die Tasse zerdeppert, den Bus verpasst, den Test verhauen, die Präsentation nicht so gut gehalten, wie wir es von uns erwartet haben. Wie scharf diese Selbstvorwürfe klingen, ist jedoch von Mensch zu Mensch unterschiedlich. Nehmen wir das Beispiel mit der zerdepperten Tasse. Wenn ich es morgens eilig habe und im Stress die Tasse vom Tisch fege, sagt meine innere Stimme: „Boah, echt jetzt? Na ja, egal, scheiß drauf." Es gibt aber auch Menschen, und vielleicht gehörst du auch dazu, denen sagt die innere Stimme in so einem Moment: „Ey, kannst du nicht aufpassen? Musst du eigentlich alles kaputtmachen, was du anfasst?" Du siehst: Das ist schon ein ganz anderer Schnack. Und zwar eine extrem feindlich gesinnte Stimme. Wenn du so einen Begleiter an deiner Seite hast, ist es allerdings auch kein Wunder, wenn du dich den ganzen Tag wie eine Maus fühlst. Und genau darum wollen wir heute mal versuchen, den Selbstvorwürfen unserer inneren Stimme auf die Spur zu kommen.

Zuerst müssen wir herausfinden, was uns da eigentlich alles serviert wird. Am besten fängst du damit an, einen ganzen Tag lang alle fiesen Sätze, die du zu dir selbst sagst, aufzuschreiben, zum Beispiel auf das Aufgabenblatt für den heutigen Tag. Wenn du erst am Abend dazu kommst, dich mit der Aufgabe zu beschäftigen, schreibst du einfach alles auf, was dir noch im Gedächtnis geblieben ist. Dazu einfach noch mal Situation für Situation durchgehen, in Gedanken nacherleben und aufschreiben, was dir in den Kopf kommt. So, und danach schaust du dir einmal in Ruhe an, was da eigentlich alles steht.

Vielleicht stehen da solche Sätze:

- WAS KANNST DU EIGENTLICH?
- MEINE GÜTE, SIEHST DU WIEDER FERTIG AUS.
- DU BIST ABER FETT GEWORDEN.

Puh, übel, oder? Aber da steht, wie du mit dir selbst umgehst. Wie DU mit DIR sprichst. Ganz schön hart, oder? Würdest du so auch mit anderen sprechen? Wahrscheinlich nicht, oder? Aber bitte frag dich heute mal, ob schon mal jemand so mit dir gesprochen hat. Zum Beispiel in der Vergangenheit. Kommen diese Sätze vielleicht gar nicht von dir, sondern von deinen Eltern oder Geschwistern? Vielleicht auch aus der Schulzeit oder von Freundinnen und Freunden? Selbstvorwürfe kommen nämlich oft gar nicht von uns selbst, sondern aus unserer Vergangenheit. Und wenn einem das erst mal klar ist, dann kann man selbst immer wieder innehalten und sagen: Moment mal, das ist doch wieder der Spruch, den mir meine Schwester früher immer an den Kopf gedonnert hat, wenn sie sauer war. Aber der entspricht nicht der Realität! Ich bin weder falsch noch schuld.

Und auch ganz wichtig: Wenn du das Gefühl hast, dass dieser oder jener Satz von einem Menschen in deinem heutigen Umfeld kommen könnte, dann frag dich ruhig, ob diese Person dir eigentlich noch guttut und ob du so jemanden in deinem Leben haben möchtest. Darauf kommen wir aber morgen auch noch einmal zu sprechen. Aber für heute schließen wir diese Einheit erst mal ab, mit einem letzten Auftrag, den ich dir gerne mit auf den Weg geben möchte:

Eine ältere Dame hat mir mal den Rat gegeben, dass man sich selbst immer ein guter Freund sein sollte. Und ich finde, damit hat sie absolut recht. Versuch es doch auch einfach mal und sprich von nun an mit dir selbst wie mit einem sehr guten Freund oder einer sehr guten Freundin. Liebevoll, freundlich, unterstützend, warm – und natürlich auch humorvoll. Und wenn du dich selbst kritisieren möchtest, dann mach es respektvoll und konstruktiv, statt deine Schwächen aufzubauschen oder dich niederzumachen. Du hast es nämlich verdient, gut behandelt zu werden!

Ich weiß, dafür ist ein bisschen Übung gefragt, und vielleicht rutschst du ab und zu in alte Muster, aber dann sagst du einfach: „Stopp, so spreche ich nicht mehr mit mir“ und versuchst den Satz umzuformulieren. So versalzt du deinem inneren Zweifler nämlich so richtig schön die Suppe.

DER SELBSTVORWÜRFE-EINTOPF

Heute geht es um Selbstvorwürfe. Sich damit auseinanderzusetzen, ist nicht ganz einfach, ich weiß. Aber es lohnt sich – und es kann sehr befreiend sein, zu realisieren, woher sie eigentlich kommen. Nimm dir heute eine gute halbe Stunde Zeit oder so viel, wie du brauchst, und notier alle Selbstvorwürfe, die du dir heute gemacht hast.

Schau sie dir genau an. Woher kommen diese Vorwürfe? Von dir oder von jemandem aus deinem Umfeld? Aus dem Heute oder aus der Vergangenheit? Schreib alles auf, was dir einfällt.

Wenn der Ursprung in der Vergangenheit liegt: Versuch hinter die Fassade des Selbstvorwurfs zu schauen: Was steckt dahinter? Wer war daran beteiligt? Wie kam es dazu? Notier alles, was dir in den Kopf kommt.

Aufgabe: Geh nun noch einmal in Gedanken in die Situation(en) hinein und versuch sie anders aufzulösen. Stell dir zum Beispiel vor, wie dein erwachsenes Ich dazukommt und sich für dein Vergangenheits-Ich, das die Vorwürfe bekommen hat, einsetzt. Wenn deine Mutter dir früher immer gesagt hat, dass du viel zu dick bist, könnte sich dein erwachsenes Ich nun für dich einsetzen und sagen: „Gertrud, das stimmt nicht. Ich bin gut so, wie ich bin. Bitte hör auf, so mit mir zu sprechen. Das verletzt mich." Oder du sprichst mit dir selbst: „Hör nicht auf das Gerede deiner Mutter, du bist toll, so wie du bist!" Fühlt sich gut an, so ein Gedankenspiel, oder?

Tag 11

Netzwerkanalyse: Welche Menschen tun dir gut, welche schaden dir eher?

Heute geht es um den letzten Kochtopf, in dem unsere fiese innere Stimme ihr Süppchen kocht. Und wer schwimmt da drin? Mal eben den Deckel aufmachen! Ah, ich seh schon, da schwimmen fiese Menschen. Ja, ja, ich gebe zu, das klingt barbarisch, also bitte nicht wörtlich nehmen. Aber es stimmt: In unserem Inneren sind nämlich nicht nur unsere eigenen fiesen Stimmen, sondern auch die fiesen Stimmen von anderen.

Denk mal drüber nach: Du hast doch bestimmt ein paar Leute in deinem Umfeld, die nicht besonders liebevoll mit dir umgehen, oder? Das sind Menschen, die gerne sticheln, dir hier und da eins auswischen, dich vor den Kolleginnen und Kollegen bloßstellen oder dir sagen, dass dein Hintern in dieser Jeans nicht gerade gut zur Geltung kommt. Und unsere clevere innere Stimme, die sammelt all die fiesen Bemerkungen dieser Leute, schmeißt sie in den Kochtopf und rührt so lange um, bis daraus ein noch viel fieserer Kommentar mit Extrasalz und Pfeffer geworden ist. Krass, oder? Und kaum bekommst du diese Kritik serviert, fühlst du dich auch schon hundeelend und lässt den Kopf hängen. Unsere innere Stimme ist nämlich wirklich mächtig. Schon ein einziger Satz von ihr hat Einfluss auf unsere Laune, unser Lebensgefühl, auf unser Selbstwertgefühl. Sie kann uns niedermachen, aber so richtig. Darum: Schau heute mal ganz genau, mit wem du dich eigentlich umgibst. Mit welchen Freunden und Bekannten du dich triffst und mit wem du in der Kantine am Mittagstisch sitzt und dich austauschst.

Ich erinnere mich noch sehr gut an einen Kollegen im Krankenhaus. Der war eigentlich total in Ordnung, wir haben uns meistens gut verstanden, aber irgendwann habe ich realisiert, dass er mich immer mal wieder abgewertet hat, gehässig war oder völlig unangebrachte Witze gemacht hat, auch vor Vorgesetzten.

Wieso er das gemacht hat? Tja. So was machen unsichere Menschen, die sich durch die Abwertung anderer besser und größer fühlen wollen. Sie pushen also ihr eigenes Selbstbewusstsein, indem sie dich abwerten. Das zu wissen, ist schon mal Gold wert. Aber noch mehr wert ist, zu verstehen, dass du dich von solchen Menschen fernhalten solltest. Denn je öfter du zu hören bekommst, wie schlecht, inkompetent oder was auch immer du bist, desto schneller füllt sich dein Kochtopf. Und irgendwann glaubst du es selbst. Das alte Spiel.

Auf dem Aufgabenblatt von heute kannst du alle Menschen eintragen, bei denen du das Gefühl hast, dass sie zu dieser Gruppe gehören könnten. Und falls du dir nicht ganz sicher bist, schau beim nächsten Treffen mal ganz genau hin, wie diese Personen mit dir umgehen. Schau auch gerne mal beim nächsten Familientreffen, ob darunter jemand ist, der dich die ganze Zeit niedermacht. Gerade dort kommt so was nämlich auch immer wieder vor – und auch das musst du auf keinen Fall akzeptieren und über dich ergehen lassen.

Das Tolle ist aber: Es gibt auch Menschen, die uns guttun, die ebenfalls Zutaten in den Kochtopf werfen können. Ein liebender Partner zum Beispiel, der einem ganz oft sagt, wie umwerfend er oder sie einen findet. Solche Menschen können die salzige Suppe neutralisieren und sogar zum Guten wenden und dem eigenen Selbstbewusstsein Flügel verleihen. Auch Freunde, die gut zu dir sind, die dich stärken, unterstützen und motivieren, gehören zu dieser Gruppe. Mit diesen Menschen solltest du dich so oft es geht umgeben, denn sie schulen deine innere Stimme, gnädiger, liebevoll und freundlich mit dir umzugehen. Und dann hörst du hoffentlich schon bald ein „Du schaffst das" oder ein „Super gemacht" von dir selbst. Du machst deine innere Stimme quasi vom Feind zum Freund. Toll, oder? Und das kann man übrigens auch ganz bewusst üben, jeden Tag. Versuch es doch einfach mal und sprich mit dir wie mit deiner allerbesten Freundin oder deinem besten Kumpel. Ich verspreche dir: Das zeigt Wirkung und pusht dich und dein Selbstbewusstsein enorm!

Mein Tipp

Ich weiß, von einigen Menschen kann und möchte man sich trotz allem nicht trennen. In diesem Fall ist es wichtig, dass du mit ihnen ins Gespräch gehst. Es ist total okay, wenn du sagst: „Ich möchte nicht, dass du so mit mir sprichst. Das verletzt mich."

NETZWERKANALYSE

Schau heute mal ganz genau, mit wem du dich eigentlich so umgibst. Geh deine Freunde, deine Bekannten, deine Kolleginnen und Kollegen und deine Familie durch und überleg, ob diese Menschen gut mit dir umgehen. Sprechen sie liebevoll und wertschätzend mit dir – oder abwertend und gehässig? Pushen sie dich oder weisen sie dir immer wieder den Weg zum Abstellgleis zu? Trag die Menschen aus deinem Umfeld in die Listen ein und überleg dir, ob du dich künftig von diesen Leuten verabschieden oder zumindest distanzieren möchtest.

DIESE MENSCHEN TUN MIR NICHT GUT:

DIESE TUN MIR GUT:

Tag 12

Erkenn dich selbst an:
Heute ist Selbstlob-Tag!

Heute möchte ich mit dir über das Thema Anerkennung sprechen, genauer gesagt über den Wunsch nach Anerkennung und Lob. Den haben wir ja alle in uns. Wenn nämlich jemand sagt: „Hey, du bist super, das hast du toll gemacht, spitzenmäßige Arbeit", dann macht uns das stolz und glücklich. Zum einen, weil wir uns über die Wertschätzung freuen, ist ja klar, aber auch, weil unser Körper darauf anspringt, denn unsere Nervenzellen reagieren auf Lob mit der Ausschüttung von Glückshormonen. Und davon wollen wir natürlich mehr, fast wie bei einer Droge. Während die einen mit einer gelegentlichen Dosis Anerkennung zufrieden sind, wollen und brauchen die anderen mehr beziehungsweise immer mehr davon. Sie treiben ihren Körper zum Äußersten, machen Überstunden ohne Ende, halsen sich ohne Ende Arbeit auf, operieren an sich herum, um noch schöner zu werden, hungern und verbiegen sich. Tja, und warum? Richtig: weil sie der Überzeugung sind, nur dann geliebt zu werden oder liebenswert zu sein, wenn sie Lob bekommen. Ganz nach dem Motto: Erst wenn ich besser bin, kann ich mich und können mich andere lieben. Menschen mit geringem Selbstwert geht es sehr oft so und sie hungern deutlich mehr nach Anerkennung als andere. Sie suchen im Außen nach Bestätigung, denn daraus ziehen sie ihren Selbstwert und ihre Glücksgefühle. Sprich: Wenn meine Chefin sagt, dass ich super bin, dann bin ich super. Aber wenn sie nichts sagt oder mich kritisiert, dann muss ich schlecht sein. Das ist ganz schön gemein, oder? Und zwar uns selbst gegenüber. Wenn wir unseren Selbstwert aus dem ziehen, was andere Menschen über uns denken, dann machen wir uns emotional abhängig von der Außenwelt. Na, geht es dir auch manchmal so? Ziehst du deine Anerkennung auch aus der Außenwelt und hast oft das Gefühl, dich damit innerlich kaputtzumachen, vielleicht, weil du nicht bekommst, was du brauchst? Oder weil du innerlich schon so verunsichert bist, dass das Lob gar keine Wirkung mehr hat? Weil du sofort denkst: „Ach, das muss der jetzt sagen, das meint er aber gar nicht so." Wenn du jetzt nickst, ist es an der Zeit, daran zu arbeiten, und zwar aus einem wichtigen Grund: damit du nicht daran zerbrichst und den Selbstzweifeln das Spielfeld überlässt.

Aber wie schafft man es, seinen Selbstwert aus sich selbst zu ziehen und nicht daraus, wie andere über einen denken? Wie schafft man es, die krampfhafte Suche nach Anerkennung loszulassen und sich stattdessen selbst anzuerkennen? Ganz ehrlich: Daran musst du arbeiten, und mit einer kleinen Einmalübung ist es da leider nicht getan. Aber das Tolle ist, je unabhängiger du von äußerer Anerkennung wirst, umso stärker wird dein inneres Selbst – und deshalb sind wir ja hier, um unser Selbstbewusstsein und unseren Selbstwert zu stärken. Also schauen wir uns doch mal an, wie wir das schaffen können.

Im Prinzip gibt es da nur eine einzige Regel, und die lautet: Geh wohlwollend mir dir um! Das klingt doch eigentlich ganz simpel, oder? Aber tatsächlich haben viele Menschen diese Fähigkeit verloren. Wir sind nämlich unser schärfster Kritiker, unsere größte Feindin. Wir gehen mit uns selbst oft härter und gnadenloser ins Gericht als mit einem Schwerverbrecher. Du erinnerst dich, darüber haben wir auch schon gesprochen, als es um das Thema Selbstzweifel ging und wir gesagt haben, wie wichtig es für uns ist, mit uns selbst wie mit einem Freund umzugehen. Und heute gehen wir hier noch einmal einen Schritt weiter und erhöhen das Ganze um Wohlwollen. Das heißt: Sei gut zu dir und lob dich selbst. Nicht im Sinne von „Boah, bin ich geil", um dich vor anderen zu profilieren. Nein, sondern um dir selbst zuzugestehen: „Ich kann was, das war eine tolle Leistung und ein super Erfolg! Gut gemacht!" Und sich das selbst zu sagen, ist sogar logisch. Denn mal ernsthaft: Wenn du dich selbst schon nicht lobst, warum sollte das ein anderer Mensch tun?

Und damit kommen wir auch schon zur Aufgabe für heute, die du ab jetzt am besten jeden Abend vor dem Schlafengehen machst: Wir üben Selbstlob. Auf dem Aufgabenblatt für heute kannst du drei Dinge notieren, für die du dich selbst loben möchtest. Die du richtig gut hinbekommen hast. Auf die du stolz bist. Ich bin mir sicher, da ist etwas. Das kann eine Miniaufgabe von deiner Liste sein, die du richtig gut gemeistert hast. Ein Projekt im Job, das dir gut gelungen ist. Oder eine Bastelarbeit, in die du richtig viel investiert hast und die toll geworden ist. Aber Achtung: Sobald du wieder in das Kritikmuster kommst und sagst: „Ja, das war schon ganz okay, aber das kann ja jeder und eigentlich ist das auch gar nicht so toll ...", dann hörst du sofort auf und sagst: „Stopp, Schluss damit, das war super, hör auf, das wieder kleinzureden." Erinnere dich selbst immer wieder daran. Jeden Tag! So, auf geht's! Lob dich selbst und erkenn dich selbst an. Du hast es dir verdient.

ERKENN DICH SELBST AN!

Eigenlob stinkt? Von wegen: Heute ist Selbstlob-Tag! Notier drei Dinge, auf die du richtig stolz bist, die du gut hinbekommen hast. Das können tagesaktuelle Sachen sein, aber natürlich auch Dinge, die in der Vergangenheit liegen. In den kommenden vier Tagen kannst du hier alles notieren, was dir in den Kopf kommt.

Mein Tipp

Am besten legst du neben dein Bett ein Notizbuch und schreibst jeden Abend drei Dinge auf, auf die du stolz bist.

Darauf bin ich heute stolz

Datum: ____________

1. ______________________________
2. ______________________________
3. ______________________________

Darauf bin ich heute stolz

Datum: ____________

1. ______________________________
2. ______________________________
3. ______________________________

Darauf bin ich heute stolz

Datum: ____________

1. ______________________________
2. ______________________________
3. ______________________________

Darauf bin ich heute stolz

Datum: ____________

1. ______________________________
2. ______________________________
3. ______________________________

Tag 13

Wirf einen Blick auf deinen Wochenkalender:
Was tust du nur für dich und was für andere?

Hallo, schön, dass du heute wieder hier bist. Gestern haben wir ja schon über das Thema Anerkennung gesprochen, vor allem darüber, dass wir in Zukunft versuchen wollen, sie im Innen und nicht im Außen zu suchen und zu finden, denn wenn du ein starkes „Innen" aufbaust, machst du dich von dem Urteil anderer Leute los. Und du allein bestimmst deinen Wert, nicht die anderen.

Heute wollen wir wieder an diesem Thema arbeiten. Vielleicht erinnerst du dich noch an ein Beispiel aus der allerersten gemeinsamen Einheit. Damals ging es darum, dass viele Menschen dazu neigen, sich jede Menge aufzuhalsen, nur um dafür ein „Danke" oder ein anderes Lob zu bekommen. Das sind Leute, die ständig überall aushelfen, hier und dort noch mitmischen und die allerdollsten Torten backen, nur damit am Ende jemand sagt: „Mensch, Gudrun, du bist einfach die Beste."

Es gibt Menschen, die machen das aus purer Hilfsbereitschaft, ja. Aber es gibt auch unglaublich viele Menschen, die sich – womöglich unbewusst – nur deshalb so ins Zeug legen, weil es für sie eine gute Möglichkeit ist, Bestätigung zu finden und das eigene Selbstbewusstsein zu pushen. Vielleicht kennst du auch jemanden, der ständig versucht, anderen zu gefallen. Vielleicht nickst du jetzt auch und sagst: „Mist, Dr. Wimmer hat mich gerade 1a beschrieben, ich versuche ständig, es allen schön und recht zu machen, nur damit auch mal jemand Danke sagt."

Aber du weißt ja mittlerweile: So funktioniert das mit dem Selbstbewusstsein leider nicht. Wir können uns auf den Kopf stellen und 99 Apfelkuchen für andere backen, aber glücklicher und selbstbewusster werden wir dadurch nicht, auch nicht, wenn wir nach jedem gebackenen Kuchen ein nettes Dankeschön hören. Denn die Anerkennung, die muss aus uns selbst kommen.

Heute wollen wir darum mal in deinen Wochenkalender schauen, auf all deine Termine und Verpflichtungen. Auf dem Aufgabenblatt für heute findest du einen 7-Tages-Plan von Montag bis Sonntag. Nun wäre es super, wenn du dir kurz Zeit nimmst und all deine Hobbys, Verpflichtungen und Verabredungen darauf einträgst, vom Fitnessstudio bis zum Kirchenkreis. Alles, was bei dir die Woche über so ansteht. So, und danach kommt die eigentliche Aufgabe. Überprüf jeden einzelnen Punkt und hör ganz genau in dich hinein: Willst du das wirklich machen? Machst du das, weil du es willst? Oder nur deshalb, weil du dich nach der Bestätigung der anderen sehnst und hoffst, damit dein Selbstbewusstsein nach oben zu pushen? Denk bei jedem Punkt darüber nach, und wenn du glaubst, dass du das nur aus diesem einen Grund machst, nämlich damit dich jemand für deinen Apfelkuchen lobt, dann spar dir künftig den Aufwand. Ersetz den Punkt in deinem Terminplan lieber durch etwas, was du wirklich machen möchtest, was du gerne tust, was dich glücklich macht. Du darfst das, das ist okay.

Selbst bei den Aktivitäten, die im Wochenplan bleiben dürfen, weil du wirklich gerne hilfst oder gerne da bist: Wenn du das nächste Mal dort bist und dich doch dabei erwischst, wie du gerade wieder versuchst, den anderen zu gefallen – dann komm wieder zu dir selbst zurück, ganz bewusst. Du musst den anderen nicht gefallen, sondern nur dir selbst. Keinem anderen Menschen muss dein Apfelkuchen schmecken, sondern nur dir selbst. Und wenn er schmeckt: Scheiß auf das Lob von Lieschen Müller. Viel wichtiger ist, dass du am Tisch sitzt und sagen kannst: „Meine Güte, den hab ich aber fantastisch hinbekommen." Schätz dich, lob dich, wohlwollend. Und irgendwann wird es dir ganz egal sein, was andere über dich denken, ob sie dir Anerkennung geben oder nicht.

WAS TUST DU NUR FÜR DICH?

Schnapp dir den 7-Tages-Plan auf der nächsten Seite und trag alle Hobbys und Verpflichtungen ein, vom Kirchenchor bis zum Seniorenkreis, vom Töpferkurs bis zum wöchentlichen Backen für die Schwiegereltern.

Aufgabe 1: Schau dir den Plan Punkt für Punkt an und hör ganz genau in dich hinein: Willst du das wirklich machen? Oder machst du das nur, weil du dich nach der Bestätigung der anderen sehnst und hoffst, damit dein Selbstbewusstsein nach oben zu pushen? Streich alles, was du für andere tust!

Aufgabe 2: Es sind noch freie Plätze im Terminkalender? Super! Diese Zeit gehört nun dir ganz allein. Überleg, womit du sie füllen könntest. Such dir Sachen aus, die du wirklich machen möchtest, was du gerne tust, was dich glücklich macht. Du darfst das, das ist okay. Da darf übrigens auch so was stehen: Pause, Wellness, Buch lesen, Spaziergang, Ausflug.

Mein Tipp

Wenn du dich bei einer deiner Aktivitäten wieder mal dabei erwischst, wie du versuchst, anderen zu gefallen – komm wieder zu dir selbst zurück, ganz bewusst. Du musst den anderen nicht gefallen, sondern nur dir selbst.

MEINE VERPFLICHTUNGEN

GRÜN: GIBT MIR KRAFT **ROT:** LASS ICH LIEBER

MONTAG	DIENSTAG	MITTWOCH

DONNERSTAG	FREITAG	SAMSTAG	SONNTAG

Tag 14

Power Posing: Posen, mit denen du dein Selbstbewusstsein stärkst

In den letzten Tagen haben wir ja einiges zusammen erlebt und intensiv über unseren inneren Zweifler und unsere innere Miesepetra gesprochen, die jeden Tag am Herd stehen und ihr salzig-bitteres Selbstzweifel-Süppchen kochen. Um uns zu verunsichern, zu mobben, aus der Fassung zu bringen. Ätzend, die zwei, oder?

In Stresssituationen tauchen die beiden natürlich besonders gerne auf, zum Beispiel vor einem Termin bei der Chefin, vor einem Date oder einer wichtigen Aufgabe, die uns bevorsteht. Dann geht den meisten von uns nämlich richtig die Düse, das Herz klopft, es werden Stresshormone ausgeschüttet, wir fangen an zu schwitzen ... Zum Glück gibt es ein paar richtig coole Akuttricks, mit denen du deine Selbstbewusstseinsakkus im Handumdrehen aufladen und die Selbstzweifel ganz bequem zum Mond schießen kannst. Das Ganze nennt sich Power Posing! Wie wichtig eine selbstbewusste Körperhaltung ist, darüber haben wir ja schon in der ersten Woche gesprochen.

Das Power Posing geht in eine ähnliche Richtung, denn dabei handelt es sich um ganz besondere Posen, also Körperhaltungen, die Stärke und Erfolg nicht nur ausstrahlen – sondern die quasi auf dich abfärben. Und da wir ja bereits gelernt haben, dass wir durch eine selbstbewusste Haltung unsere Gedanken steuern und uns selbst stärken können, macht das auch Sinn. Also: Wenn künftig ein wichtiger Moment ansteht, dann ziehst du dich am besten einmal kurz zurück und nimmst für zwei Minuten eine ganz bestimmte Pose ein, die dafür sorgt, dass du dich selbstbewusster fühlst. Von den nachfolgenden Posen hast du vielleicht auch schon mal gehört, denn die habe ich mir natürlich nicht selbst ausgedacht. Sie gehen auf Untersuchungen von Dana Carney, Amy Cuddy und Andy Yap aus dem Jahr 2010 zurück. Die *Superhelden-* oder *Wonder-Woman-Pose* gefällt mir persönlich am besten, sie eignet sich perfekt für wichtige Präsentationen oder für Aufgaben, vor denen du dich ein bisschen fürchtest. Sie strahlt nämlich vor allem eines aus: Ich schaffe das, ich kann das und ich bin absolut umwerfend. Wenn du möchtest, kannst du dir das auch gerne sagen, während du in der Pose bist. Die *Chefinnen-* und *Chefpose* ist super, wenn du mal eine Portion „lässiges Selbstbewusstsein" benötigst. Einfach die Füße auf den Tisch legen und sich mal kurz wie der Boss im Haus fühlen. Und wenn Glücksgefühle benötigt werden: Ab in die *Siegerpose* und strahlen, als wärst du gerade nach einem Halbmarathon durchs Ziel gelaufen. Glaub mir, das klappt, auch wenn man sich in den ersten Sekunden ein bisschen komisch dabei vorkommt.

Die Posen findest du alle auch auf dem Aufgabenblatt für heute, damit du sie noch mal in Ruhe anschauen und nachmachen kannst. Wie gesagt, schon zwei Minuten in der Pose reichen, um dein Selbstbewusstsein enorm zu pushen. Einfach mal ausprobieren! Bis morgen!

DEINE SUPERPOWER-POSEN FÜR DEN ALLTAG

DIE CHEFPOSE

Setz dich auf einen Stuhl, am besten auf deinen Schreibtischstuhl. Hände hinter dem Hinterkopf verschränken, Ellenbogen nach außen drücken. Kopf in die gefalteten Hände lehnen. Nun die Füße auf den Tisch legen und überkreuzen. Alternativ: Ein Bein auf dem Boden abstellen, Knöchel des anderen darauf ablegen. Tief ein- und ausatmen. Zwei Minuten halten. Die Message hinter dieser Pose: Alles klar, Leute, ich bin totaaal entspannt und habe alles unter Kontrolle.

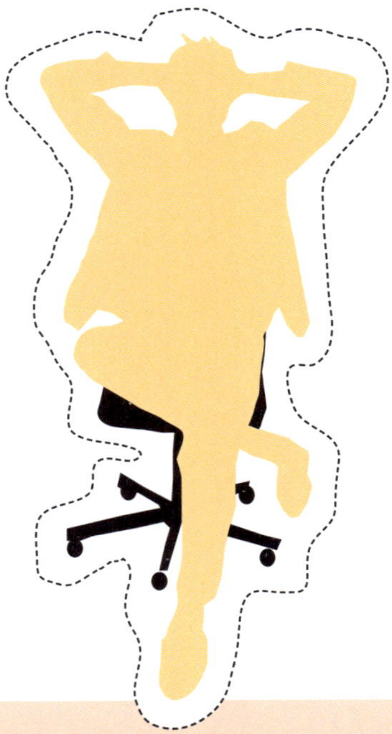

DIE WONDER-WOMAN-ODER SUPERMAN-POSE

Gerade hinstellen. Füße hüftbreit auseinander, Fäuste in die Taille stemmen. Brustbein raus, Kinn nach vorn. Tief ein- und ausatmen. Und ein bis zwei Minuten halten. Die Message dieser Pose: Ich bin ein Superheld, ich bin Wonder Woman und es gibt nichts, was mich stoppen könnte.

DIE SIEGERPOSE

Stell dich gerade hin und heb die Arme nach oben, so, als würdest du gerade durch ein Ziel laufen, jubeln und den Applaus genießen. Strahl dabei übers ganze Gesicht und fühl dich in die Situation hinein. Das Siegergefühl wird schon nach kurzer Zeit einsetzen, versprochen!

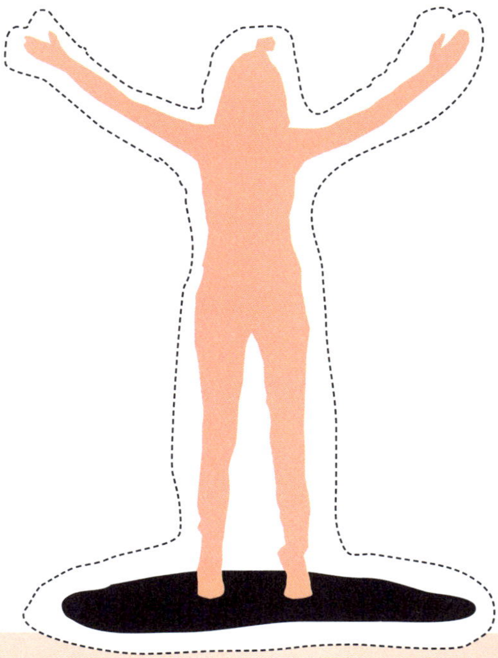

Tag 15

Dein Date mit dir: Was kommt heute auf deine Me-Time-Liste?

Wow, hinter uns liegen schon zwei Wochen. Super! Ich hoffe, du merkst bereits, dass du schon viel stärker und selbstsicherer geworden bist. Ich finde, du machst das richtig super und ich bin sehr stolz auf dich, dass du jeden Tag mit so viel Power dabei bist. Und deswegen ist heute auch der perfekte Tag, um dich für deine Arbeit zu belohnen. Überleg dir doch mal kurz zwei, drei Minuten, worauf du schon lange mal wieder Lust hättest. Vielleicht ein Abendessen in einem netten Restaurant, mit deinem Partner oder deiner Partnerin, vielleicht auch mit der besten Freundin oder einem guten Freund. Oder du verbringst ein paar schöne Stunden Me-Time mit dir selbst. Na, wonach ist dir?

Wieso das wichtig ist? Du ahnst es schon: weil du toll bist und weil du es dir erlauben darfst. Du weißt ja, Menschen mit einem hohen Selbstwertgefühl gönnen sich auch mal Auszeiten, weil sie ihre Bedürfnisse wichtig nehmen, statt immer nur für andere da zu sein, zu ackern und zu funktionieren. Verbring heute Abend darum wieder ganz bewusst ein paar schöne Stunden nach deinen Vorstellungen. Mach dir am besten schon tagsüber einen kleinen Plan, was du heute Abend machen möchtest und wann der Abend beginnt. Schreib dafür eine genaue Uhrzeit auf. Auf dem Arbeitsblatt für heute findest du wieder eine leere Me-Time-Liste. Darauf kannst du alles notieren, worauf du mal wieder Lust hättest. So, auf geht's, einfach mal alles aufschreiben, was dir in den Sinn kommt! Und: Viel Spaß heute Abend!

DEIN DATE MIT DIR

Auf dem Aufgabenblatt für heute findest du eine leere Me-Time-Liste. Darauf kannst du alles notieren, worauf du mal wieder Lust hättest.

MEIN ABEND MIT MIR BEGINNT UM: ______ UHR

MEINE IDEEN FÜR MEINE KLEINE AUSZEIT:

Mein Tipp

Schalt dein Smartphone aus und verschaff dir eine kurze Verschnaufpause von der digitalen Welt. Das ist wie Urlaub!

Tag 16

Schüchternheit: die Angst vor Ablehnung, die Angst vor dem Versagen

Die ersten zwei Wochen liegen hinter uns und wir starten heute gemeinsam in eine echte Powerwoche, die dich mit Sicherheit einiges an Überwindung kosten wird, aber auch echt viele tolle und bereichernde Momente für dich bereithalten wird – wenn du denn dazu bereit bist, ein bisschen an dir zu arbeiten. Heute möchte ich nämlich gerne mit dir über das Thema Schüchternheit sprechen, denn viele Menschen, die von sich behaupten, nicht besonders viel Selbstbewusstsein und ein geringes Selbstwertgefühl zu haben, kämpfen auch mit Schüchternheit. Vielleicht gehörst du ja auch zu den schüchternen Menschen, die vor Nervosität und Aufregung manchmal kein Wort herausbekommen, schnell erröten, nicht gerne mit und vor Fremden sprechen, vor den Kolleginnen und Kollegen nicht gerne das Wort ergreifen und Angst haben, sich vor anderen total zu blamieren. Wenn du jetzt nickst, ist das absolut kein Grund, sich zu schämen. Es geht nämlich unglaublich vielen Menschen so wie dir. Vielleicht sagst du aber auch: „Nein, eigentlich bin ich gar nicht schüchtern. Nur manchmal, da hab ich total Bammel, mich zum Idioten zu machen, und dann kommt auch noch das Kopfkino dazu und schon blockiert alles in mir." Tja, und auch das zählt in die Kategorie erweiterte Schüchternheit, denn die hat verdammt viele Facetten und Gesichter. Laut Studien sind nämlich nur rund 20 Prozent der Betroffenen auffällig schüchtern, also inklusive Erröten, keinen Mucks mehr rausbringen und Nicht-in-die-Augen-sehen-Können. Der Rest bleibt hingegen relativ unauffällig, durchleidet am Ende aber ähnliche Qualen.

Doch egal, ob du nun extrem oder nur gelegentlich schüchtern bist: Die Ursache allen Übels, die hinter allem steht, ist die gleiche: Es ist die Angst, dass andere Menschen dich nicht mögen und ablehnen könnten. Und diese Angst ist ja erst mal ganz natürlich. Schließlich wollen wir ja alle gut ankommen und von anderen gemocht werden. Wenn die Angst vor Ablehnung aber überhandnimmt, blockiert sie uns, wir machen uns einen Riesenkopf und vermasseln am Ende wirklich etwas – oder flüchten vor Situationen, in denen wir Ablehnung erfahren könnten. Ganz nach dem Motto: Wenn ich nicht auf ein Date gehe, kann mir auch keiner einen Korb geben. Und wenn ich nicht zum Vorstellungsgespräch gehe, kann ich auch keine Absage kassieren. Klingt erst mal logisch, man vermeidet eine vielleicht unangenehme Situation – aber leider entgeht einem dabei womöglich auch eine ganz Menge. Was können wir also tun, um da wieder rauszukommen? Für mich gibt es da zwei ganz wesentliche Faktoren:

PUNKT 1: HÖR AUF, IMMER DAS WORST-CASE-SZENARIO DURCHZUSPIELEN!

Schüchterne Menschen malen sich neue Situationen gerne erst mal aus, sie spielen die Situation also quasi schon mal durch, um gewappnet zu sein. Statt eine realistische Situation zu visualisieren, malen sie sich die Szene aber in den allerdüstersten Farben aus, das sogenannte Worst-Case-Szenario, also den allerschlimmsten Fall, der eintreten könnte.

Hier ein Beispiel: Jemand fragt dich nach einem Blind Date. Und bevor du zugesagt hast, springt dein Kopfkino auch schon an: „Was, wenn er mich nicht attraktiv, interessant und klug genug findet? Vielleicht blamiere ich mich auch total, verschütte den Wein oder bekomme erst gar kein Wort raus und er/sie lacht mich aus!" Hilfe. Wenn ich mir dieses Horrorszenario ausgemalt hätte, würde ich auch nicht mehr auf das Date gehen. Aber nach genau diesem Schema läuft Schüchternheit ab.

1. DU HAST EINE POTENZIELL GEFÄHRLICHE SITUATION VOR DIR, IN DER DU VERSAGEN KÖNNTEST.
2. DU STELLST DIR VOR, WIE DU TOTAL VERSAGST, DICH BLAMIERST UND ABGELEHNT WIRST.
3. DU STEIGERST DICH IMMER MEHR REIN, BLOCKIERST, ERSTARRST ODER ERGREIFST DIE FLUCHT.

Das ist natürlich Mist, weil du dich durch das ewige Durchspielen des schlimmstmöglichen Falles selbst in den Wahnsinn treibst. Aber Fakt ist: Du kannst nicht wissen, was passiert, was andere sagen und denken werden. Und damit kommen wir auch schon zu ...

PUNKT 2: GLAUB NICHT ALLES, WAS DU DENKST

Schüchterne Menschen neigen leider nicht nur dazu, sich in ihrem Kopf Horrorszenarien auszumalen – sie tendieren leider auch dazu, reale Situationen völlig falsch einzuschätzen und alles sofort auf sich zu beziehen. Hier zwei Beispiele:

Situation 1: Du triffst einen Bekannten auf der Straße. Statt stehen zu bleiben, nickt er dir nur kurz zu und sagt kurz angebunden: „Du, sorry, ich hab's echt eilig." Der oder die Schüchterne denkt in diesem Moment: „Oh Gott, hab ich was falsch gemacht, mag er mich nicht mehr?" Er sieht also einen Menschen und bezieht dessen Reaktion sofort auf sich, obwohl er eigentlich nur eine Info hat: Der Kerl hat's eilig.

Situation 2: Du triffst einen anderen Bekannten auf der Straße, der dich schon von Weitem anlacht. Und sofort schießt dir dieser Gedanke in den Kopf: „Oh nein, der lacht mich aus. Hab ich irgendwo Zahnpasta auf dem Shirt? Hat mir ein Vogel auf den Kopf gemacht? Mache ich mich gerade zum Idioten? Hält der mich etwa für eine Witzfigur?" Dabei kannst du doch gar nicht wissen, was gerade im Kopf deines Bekannten abgeht – aber du beziehst es trotzdem sofort auf dich und gehst davon aus, dass du einen Fehler gemacht hast, dich der andere nicht mag und ablehnt.

Mal zum Vergleich: So könnten deine Gedanken aussehen, wenn du NICHT alles auf dich beziehst:

Situation 1: Der kurz angebundene Bekannte: „Oh, der scheint heute nicht so gut drauf zu sein. Vielleicht hat er schlecht geschlafen oder ist spät dran."

Situation 2: Der lachende Bekannte: „Oh, da hinten ist Patrick. Der ist ja echt gut drauf heute. Der strahlt ja richtig."

Du siehst: Es gibt immer mehrere Möglichkeiten, eine Situation zu deuten. Also: Wenn dir das nächste Mal so ein Gedanke durch den Kopf schießt, sag dir: Stopp, bezieh nicht immer alles gleich auf dich. Es könnte auch ganz anders sein.

So, damit hätten wir die beiden Grundvoraussetzungen schon mal geklärt. Kommen wir nun zum Überwinden deiner Schüchternheit. Ich weiß, das ist immer einfacher gesagt als in die Tat umgesetzt. Aber es hilft, sich ein paar Punkte klarzumachen:

1. Wenn du selbstbewusster durchs Leben gehen und deine Schüchternheit ablegen möchtest, musst du raus aus der Komfortzone. Wenn du dich versteckst und für immer und ewig allen brenzligen Situationen aus dem Weg gehst, wirst du keinen Schritt weiterkommen und schon gar nicht selbstbewusster werden. Stattdessen musst du aktiv werden, dich was trauen, deine Ängste angehen, überwinden und deinem Verstand Gegenbeweise liefern. Zeig ihm: „Du, ich bin gar nicht schüchtern. Guck mal, ich spreche fremde Menschen an, ich ergreife das Wort, ich geh auf andere zu – und es ist nichts Schlimmes dabei passiert."

2. Erlaub dir, Fehler zu machen. Das ist ganz natürlich und gehört nun mal zum Leben dazu. Und ich meine: Jeder macht mal Fehler. Jeder tritt mal ins Fettnäpfchen und blamiert sich. Das ist nicht schön – aber es passiert. Aber mal ernsthaft: Wäre es nicht ein bisschen arrogant, von sich selbst zu erwarten, dass einem so was nicht passiert? Ich erlaube es mir, Fehler zu machen – und ich erlaube es auch meinen Mitmenschen. So sind wir nun mal, und das ist okay.

3. Mach dir trotzdem selbst immer wieder klar, dass du klasse bist, mit allen Stärken und Schwächen, das ganze Paket. Du bist wahnsinnig liebenswert und hast viel zu bieten. Denk mal an deine Liste mit den vielen coolen Eigenschaften und Talenten, die du besitzt. Und selbst wenn du mal in eine peinliche Situation geraten solltest, ändert das nichts daran,

dass du all diese tollen Eigenschaften hast. Und wenn dir doch wieder Selbstzweifel kommen: Denk dran, das bist nicht DU, das sind dein innerer Zweifler und deine Miesepetra, die dich wieder mal verunsichern wollen.

4. Fürchte dich nicht vor der Ablehnung. Ja, ich weiß, es ist kein schönes Gefühl, wenn man nicht gemocht wird. Es kann sogar richtig wehtun. Aber so ist nun mal das Leben. Es kann nicht jeder jeden mögen. Und auch du magst schließlich nicht jeden. Mit einigen ist man auf einer Wellenlänge, mit anderen eben nicht. Also, verabschiede dich von dem Anspruch an dich selbst, dass dich unbedingt jeder mögen muss. Und denk an letzte Woche. Da haben wir doch darüber gesprochen, dass wir die Anerkennung nicht mehr aus dem Außen ziehen wollen, sondern aus dem Innen. Aus uns heraus. Wichtig ist, dass du dich super findest und nicht ablehnst.

So, und nun fehlt nur noch der Sprung ins kalte Wasser, und den wollen wir in der kommenden Woche mit vielen kleinen Aufgaben angehen. Keine Panik, wir fangen erst mal mit etwas Einfachem an – und darauf darfst du dich wirklich freuen, denn es gibt Kuuuchen!

Aber du wirst dich trotzdem etwas überwinden und dich vielleicht ein paar Ängsten stellen müssen. Und ich weiß natürlich: Das ist nicht einfach. Du wirst in der kommenden Woche sicher ein paar Mal aufgeregt sein, du wirst bestimmt auch mal ins Schwitzen kommen und Bammel haben, dich zu blamieren. Aber – und da kannst du dir absolut sicher sein – du wirst dich selbst davon überzeugen, dass es nichts gibt, wovor du dich fürchten müsstest. Du kannst das, du schaffst das und mit etwas Übung kannst du deine Schüchternheit schon bald ablegen und mit jedem Schritt mehr Selbstbewusstsein tanken. Wir sehen uns morgen.

Tag 17

Erste Bewährungsprobe: Ein Besuch im Café – und zwar allein

Hallo! Schön, dass du wieder da bist. Gestern haben wir sehr ausführlich über das Thema Schüchternheit gesprochen, dem wir uns diese Woche mit vielen kleinen Übungen intensiv widmen wollen. Im Rahmen deiner Aufgabe von Tag 5 hast du dich ja schon ein bisschen an das Überwinden gewöhnt und bist nun voll und ganz bereit, noch ein paar Schritte weiter aus deiner Komfortzone herauszugehen. Doch, ja, das schaffst du, glaub mir!

Die meisten Menschen, die von sich behaupten, ein geringes Selbstbewusstsein zu besitzen, haben über die Jahre so einige Ängste aufgebaut, vor Szenarien, die eigentlich gar nicht beängstigend sind, ihnen aber vielleicht so vorkommen. Ein absoluter Klassiker ist zum Beispiel, sich davor zu fürchten, irgendwo ganz alleine hinzugehen: ins Kino, auf eine Ausstellung, ins Theater, ins Restaurant oder ins Café – für Menschen mit einem schlechten Selbstbewusstsein ist das oft der absolute Horror.

Wieso? Das ist von Mensch zu Mensch unterschiedlich. Jeder hat da so seine eigenen Dämonen zu bekämpfen, würde ich sagen, und die Gründe sind recht vielfältig. Vielleicht hast du diese Sätze hier ja auch schon mal von dir gehört: „Das macht man doch nicht. Was sollen denn die anderen denken? Jetzt denken die, dass ich keine Freunde habe, die mit mir Zeit verbringen wollen. Jetzt glauben alle, ich sei einsam oder komisch." Tja. Und je nachdem, in welchem Film man gerade sitzt, laufen da noch ganz andere Gedankenszenarien ab. Dabei muss man es eigentlich als das betrachten, was es ist:

Du hast Lust, etwas zu tun, also tu es!

Und genau das wollen wir heute ein weiteres Mal üben und ich hoffe, du freust dich schon darauf, über dich hinauszuwachsen. Nun weiß ich natürlich nicht, ob du dir von diesem Kurs nur ein bisschen mehr Selbstbewusstsein erhoffst oder ob du vielleicht ganz am Anfang stehst und sagst: „Ich bin richtig, richtig schüchtern. Ich traue mich fast nie etwas und bekomme schon Schweißausbrüche bei dem Gedanken daran, etwas zu wagen." Die heutige Aufgabe möchte ich darum in zwei Schwierigkeitsgrade unterteilen. Das heißt, du kannst selbst entscheiden, ob du die Zusatzaufgabe auch erledigen möchtest oder ob du dir das fürs nächste Mal aufheben möchtest. Das ist natürlich auch kein Problem.

So: Kommen wir zu deiner Aufgabe: Setz dich heute allein in ein schönes Café und bestell dir etwas zu essen und zu trinken. Nicht am Tresen, nicht to go, also zum Mitnehmen, sondern am Platz. Und dann möchte ich, dass du es dir dort gemütlich machst. Lass es dir schmecken, schau dich um, lass deinen Gedanken freien Lauf. Und versuch, mindestens eine halbe Stunde dort zu bleiben, noch besser wäre eine ganze Stunde oder länger. Je nachdem, wie viel Zeit du heute hast. Und bevor du jetzt sagst: Für so was hab ich keine Zeit – doch, hast du. Nimm sie dir. Und wenn es die halbe Stunde in der Mittagspause ist, die du dafür reservierst. Und falls es schon spät am Abend ist, dann verschiebst du den Cafébesuch auf morgen. Aber nimm dir die Zeit, du wirst sehen, du wirst wahnsinnig stolz auf dich sein, wenn du das geschafft hast.

Du sagst, das ist doch total leicht? Sehr gut, dann erhöhen wir den Schwierigkeitsgrad ein wenig. Setz dich im Café ganz bewusst an den Nachbartisch eines fremden Menschen, der gerade etwas zu essen vor sich stehen hat. Ein Stück Kuchen oder einen anderen Snack zum Beispiel. Und nun sprichst du den Menschen an und fragst ihn oder sie, ob der Kuchen oder Snack, den er beziehungsweise sie bestellt hat, genauso lecker ist, wie er aussieht. Dann hörst du dir die Antwort an, bedankst dich höflich und gut ist's. Auf diese Weise trainierst du dein Selbstbewusstsein ungemein und lernst gleichzeitig, dass du dich nicht davor fürchten musst, fremde Menschen anzusprechen. Und wie immer gilt: Je öfter du dich überwindest, desto schneller erledigst du das mit links.

Übrigens: Wenn du Lust hast, kannst du das Aufgabenblatt für heute mit ins Café nehmen und notieren, welche Unternehmungen du noch gerne alleine unternehmen möchtest. Plan vier davon für die nächsten vier Wochen ein und trag dir den Termin gleich im Terminkalender ein. Wir sehen uns morgen wieder, mit der nächsten Tagesaufgabe.

Viel Spaß im Café!

ALLEIN UNTERWEGS

Notier, auf welche Unternehmungen du schon immer mal Lust hattest, vor allem die, die du dich nicht getraut hast, allein anzugehen. Plan vier davon für die nächsten vier Wochen ein und trag dir den Termin gleich im Kalender oder auf dem Aufgabenblatt ein.

MEINE IDEEN FÜR DEN HEUTIGEN TAG: DATUM:

Tag 18

So nimmst du Kontakt zu Fremden auf: nach dem Weg fragen, Komplimente machen – und lächeln

Nach der gestrigen ersten großen Herausforderung in dieser Anti-Schüchternheits-Powerwoche, nämlich allein ins Café zu gehen, wollen wir uns heute der nächsten Challenge stellen. Auf dem heutigen Aufgabenblatt findest du eine Liste mit drei Punkten, die du heute noch abarbeiten darfst. Ich weiß, das ist knackig, aber ich weiß auch, dass du das schaffst. Heute musst du für deine Challenges raus auf die Straße!

Deine Tagesaufgaben:

1. Sprich einen Menschen auf der Straße an und frag ganz freundlich nach dem Weg. Ja, auch wenn du den Weg kennst – das weiß dein Gegenüber ja nicht. Wenn du in einem Ort mit drei Straßen wohnst und jeden Nachbarn kennst, ist das natürlich witzlos. Dann fährst du am besten in den nächsten Supermarkt und sprichst dort jemanden an. Nach dem Weg brauchst du hier nicht zu fragen, aber vielleicht, ob der oder die andere weiß, wo zum Beispiel die Schlagsahne steht.

2. Kommen wir zur nächsten Aufgabe: Mach einer Verkäuferin oder einem Verkäufer ein nettes Kompliment, das auch zutrifft. Von „Sie haben eine wirklich schicke Frisur“ bis „Die Brötchen schmecken bei Ihnen einfach am besten“ ist alles möglich. Hauptsache, du sagst etwas Nettes, das natürlich auf gar keinen Fall anzüglich sein sollte. Und: Keine Panik, wenn da keine Reaktion kommen sollte. Die meisten Menschen sind es nämlich nicht gewohnt, spontane Komplimente zu bekommen, und wissen dann nicht, wie sie darauf reagieren sollen. Aber sei dir gewiss: So ein Kompliment bringt die andere Person garantiert noch für ein paar Stunden innerlich zum Lächeln, wenn es denn ehrlich rüberkommt.

3. Auf dem Weg zum Supermarkt, zur Bäckerei oder beim Spazierengehen: Lächle heute drei dir entgegenkommende Menschen an, so, als hättest du heute richtig gute Laune und möchtest sie mit der Welt teilen. Und auch wenn der eine oder andere vielleicht kurz irritiert ist: Die meisten Menschen werden sich total darüber freuen und instinktiv zurückgrinsen, denn Lächeln ist ansteckend. Also: Trau dich! Du kannst das!

Wieso die ganze Aufregung? Ganz einfach: Du wirst schon nach kurzer Zeit merken, dass es dir immer leichter fällt, mit Fremden in Kontakt zu treten, und die Erfahrung machen, dass Menschen positiv auf dich reagieren – ja, und dass sie sich sogar freuen, wenn sie von dir angesprochen werden. Das wird dich ungemein ermutigen und dir helfen, offener und selbstsicherer auf Menschen zuzugehen.

Auf dem Aufgabenblatt findest du auch noch eine leere Liste, in die du selbst Dinge eintragen kannst, die du dich gerne mal in der Öffentlichkeit im Umgang mit Fremden trauen würdest. Wenn meine drei Aufgaben von eben zu deinen leichtesten Übungen gehören, darfst du dich selbstverständlich sofort an die Challenges deiner Liste wagen.

WAS WÜRDEST DU DICH GERNE MAL TRAUEN?

In diese Liste kannst du alles eintragen, was du schon immer mal in der Öffentlichkeit im Umgang mit Fremden machen wolltest.

BEISPIELE:

- *In der Bücherei oder im Buchladen nach einer Empfehlung fragen.*
- *Eine sympathische Person auf einen Kaffee einladen.*
- *Einem fremden Menschen auf der Straße ein Kompliment machen.*
- *Dich im Laden von einem Mitarbeitenden persönlich beraten lassen.*

DAS WÜRDE ICH MICH GERNE MAL TRAUEN:

Tag 19

Small-Talk-Übung: Wie du leicht mit Fremden ins Gespräch kommst

Aufregende Woche, oder? Ganz schön viel los, was? Ich hoffe, du hast alles gut überstanden und gestern ein paar tolle Erfahrungen gemacht. Hat es geklappt, jemanden nach dem Weg zu fragen? Hast du einer Verkäuferin oder einem Verkäufer ein Kompliment gemacht? Und fremde Menschen angelächelt? Ja? Super, das ist richtig, richtig stark! Klasse gemacht! Ich hoffe, du bist heute genauso stolz auf dich wie ich.

Meine Güte, hättest du dir das vor drei Wochen schon zugetraut? Vermutlich nicht, oder? Das Gute ist, dass man an solchen Challenges, also an solchen Miniaufgaben, wirklich unglaublich wachsen kann. Einfach weil man sich selbst immer wieder beweist: Hey, das ist nicht schlimm, ich brauche gar keine Angst zu haben, in die Situation zu gehen. Also kann ich das beim nächsten Mal auch und beim zehnten Mal auch, und beim 15. Mal spreche ich die Leute quasi schon im Schlaf an, weil mein Verstand weiß: Alles cool, es gibt hier überhaupt keinen Grund, nicht mit erhobenem Kopf und völlig selbstbewusst vorzugehen.

Aber wie gesagt: So was muss man üben, um mit jedem Mal seine Selbstvertrauensakkus noch ein bisschen weiter aufzuladen. Und genau das wollen wir auch heute machen – und zwar mit einer kleinen Small-Talk-Übung. Wenn du die anderen Aufgaben absolviert hast, wirst du auf jeden Fall dazu in der Lage sein, ein kleines Gespräch anzufangen, denn du weißt ja theoretisch, wie du einsteigen könntest. Nach dem Weg fragen, ein nettes Kompliment machen, lächeln, nach einer Empfehlung im Café oder im Restaurant fragen – oder auch nach der Uhrzeit, das ist auch eine gute Möglichkeit, um zu üben. Wenn du dabei allerdings dein Handy in der Hand hältst, ist das wiederum nicht so clever, ist ja klar …

In den letzten zwei Tagen haben wir erst mal nur geübt, eine einzige Frage zu stellen. Heute wollen wir üben, den oder die andere auch noch in ein kleines Gespräch zu verwickeln. Keine Sorge, es muss nicht gleich ein 5-Minüter werden, aber es geht heute darum, dass es zu einem lockeren Austausch kommt. Wie das gehen soll? Ganz einfach: Das Einstiegshandwerkszeug hast du schon, die Frage nach dem Weg oder der Uhrzeit. Statt dich nach der Information höflich zu bedanken und zu gehen, reagierst du nun aber auf die Antwort und stellst eine weitere Frage: „Oha, 17 Uhr schon, dann sollte ich mir wohl langsam mal ein gutes Restaurant fürs Abendessen suchen. Können Sie mir eins empfehlen?“ Und dann gibt's mit Sicherheit eine Antwort. Und dann bist du wieder dran: „Und wie komme ich da genau hin?“ Wieder eine Antwort und eine neue Frage: „Haben Sie zufälligerweise auch noch einen Tipp für danach, eine nette Bar oder eine coole Kneipe?“ Nächste Antwort. „Und wo wir hier schon stehen: Ich möchte morgen gerne etwas Cooles unternehmen. Haben Sie vielleicht einen guten Tipp? Sie scheinen sich ja auszukennen.“ Du ahnst, wohin das führt. Und genau diese Konversation kannst du überall führen. In der Bäckerei, beim Warten auf Bus oder U-Bahn oder auch in der Kaffeeküche. Gut, da kannst du schlecht nach dem Weg fragen, aber die Uhrzeit geht eigentlich immer. Am besten funktioniert es übrigens in einer Situation, in der sich die Menschen ansonsten langweilen. Und es ist einfacher bei Leuten, die gerade alleine stehen, nicht bei Gruppen oder Paaren.

Versuch dabei auf jeden Fall zu lächeln und freundlich zu sein und dem oder der anderen nicht zu nahe zu kommen, damit sich die andere Person nicht bedroht fühlt. Und du weißt ja, wie immer gilt: Nicht anzüglich werden, nicht unter die Gürtellinie gehen, auch wenn es nett gemeint ist. Und diese Übung bitte auf keinen Fall nachts oder im Dunkeln durchführen, denn dann kann es sein, dass du anderen Menschen damit eine Heidenangst einjagst oder dich vielleicht sogar selbst in eine bedrohliche Lage bringst. Ich weiß, wahrscheinlich ist das total selbstverständlich für dich, aber der Form halber muss und möchte ich es einmal gesagt haben, denn es gibt auch genügend Gegenbeispiele.

So, aber nun zurück zur Übung. Ich wünsche dir heute ein paar tolle Small-Talk-Erfahrungen. Eine ist Pflicht, wenn du danach noch Lust und Gelegenheit hast, sprich gerne noch weitere Menschen an. Du wirst sehen, du wirst mit jedem Mal lockerer werden. Und ganz wichtig: Wenn jemand „Nein“ sagt und keine Lust hat, mit dir zu plaudern, dann ist das kein Weltuntergang und auch kein Zeichen dafür, dass mit dir irgendwas nicht stimmt. Du kennst das doch von dir: Manchmal hat man eben einfach keine Lust auf andere Menschen, den Kopf voll, schlechte Laune oder ist gestresst. So ist das nun mal, das muss aber nichts mit dir zu tun haben. Solange du höflich bleibst, hast du nichts falsch gemacht und kannst einfach sagen: „Alles klar, danke. Ciao.“

Ein Lächeln öffnet das Herz der Menschen.

Tag 20

Der Telefon-Leitfaden: So fällt das Telefonieren mit Fremden leicht

Diese Woche wollen wir uns jeden Tag ein kleines bisschen mehr überwinden, damit wir stärker und selbstbewusster durchs Leben gehen können, ohne uns ständig einen Kopf machen zu müssen. Heute kümmern wir uns um etwas, das vielen Menschen den Angstschweiß auf die Stirn treibt – und zwar richtig. Wenn du nicht dazugehörst, super, aber wenn du dazugehörst, dann weißt du vermutlich genau, wie man sich fühlt, wenn der Chef oder die Chefin im Büro plötzlich sagt: „Rufen Sie doch mal eben bei Firma XY an und fragen Sie nach.“ Puh. Telefonieren. Echt jetzt?

Extrem viele Leute hassen es, mit fremden Menschen zu telefonieren. Einige haben sogar richtig Angst davor. Wieso? Das kann unterschiedliche Gründe haben. Die einen fürchten sich davor, dass der oder die andere unfreundlich sein könnte. Andere haben Bammel, dass sie selbst am Hörer versagen, das Anliegen nicht richtig rüberbringen können, die Hälfte vergessen und am Ende nur wirres Zeug reden. Und dann ist da auch noch die Sorge, dass eine Rückfrage kommt, die man nicht beantworten kann. Oder man ganz plötzlich anfängt zu stottern – oder noch schlimmer: keinen Ton mehr rausbringt. Tja, und wenn dann noch jemand im Raum ist und das ganze Elend mit anhört … no way. Auf keinen Fall!

Du siehst, bevor man mit der Hand auch nur in die Nähe des Hörers gekommen ist, läuft das Kopfkino schon wieder auf Hochtouren. Und zwar ein echter Horrorstreifen, mit Angstschweiß und Panik inklusive. Und je wichtiger der Anruf, desto höher das Stresslevel.

Lieferdienst: Stresslevel 3, Anruf beim Dienstleistenden: Stresslevel 7, Anruf beim Kunden oder der Kundin: Stresslevel 3000.

Die meisten Menschen versuchen dann, sich noch irgendwie aus der Situation zu retten. „Alles klar, ich schreib einfach kurz 'ne E-Mail und kläre das." Denn warum schnell telefonieren, wenn man auch schön eine halbe Stunde über einer perfekt formulierten und durchdachten E-Mail sitzen kann, auf die der andere dann bestenfalls auch en détail antwortet? Drei Mal oder zehn Mal oder ... Du weißt es selbst, wenn du zu den Telefonhassenden gehörst: Es geht unheimlich viel Zeit drauf, alles via Mail zu klären. Und aus genau diesem Grund macht es auch Sinn, das Telefonieren ein bisschen zu üben:

1. Bereite dich vor: Leg ein Notizbuch und einen Stift neben das Telefon, damit du immer vorbereitet bist, wichtige Infos aufzuschreiben.

2. Leg dir zwei Sätze bereit: einen für eingehende Anrufe, einen für Menschen, die du anrufst. Die kannst du ruhig als ganzen Satz aufschreiben, zum Beispiel auf die erste Seite deines Notizheftes. Ja, ruhig das ganze Programm, inklusive deines Namens. Zum Beispiel „Hallo, Firma XY,

Johannes Wimmer am Apparat, was kann ich für Sie tun?" Und wenn dann das nächste Mal das Telefon klingelt, brauchst du nur die erste Seite aufzuschlagen, den Satz abzulesen, und dann ist der erste Schritt schon gemacht. Bäm. Und genauso machst du es für ausgehende Telefonate. „Hallo, mein Name ist Johannes Wimmer von der Firma XY und ich wollte mich erkundigen, ob ..." Und damit kommen wir schon zum nächsten Punkt, dem Inhalt:

3. Notier dir vor dem Telefonat alle wichtigen Punkte, die du mit deinem Gegenüber abklären möchtest, stichwortartig auf einem Notizzettel, bevor du anrufst. Dann kannst du während des Telefonats Häkchen hinter alle Punkte setzen, die du abgehakt, besprochen und notiert hast. Mein Tipp: Notier ruhig auch noch mal den Namen des Ansprechpartners oben auf dem Zettel, also die Person, mit der du sprichst. Dann hast du ihn gut sichtbar notiert und findest ihn immer wieder.

So. Mit den oben stehenden Tipps bringst du Struktur in die Sache. Nun kann dir eigentlich nur noch eines passieren: und zwar, dass der Mensch an der Strippe ein unangenehmer Kotzbrocken ist. Aber mal ehrlich: Warum sollte er oder sie das sein? Gerade im Jobkontext sind wirklich 99 Prozent der Menschen freundlich oder zumindest höflich am Telefon. Und wieso? Richtig, weil sie es müssen. Weil sie sonst gefeuert werden.

Also: Rein ins Vergnügen. Denn wenn du deine Angst überwinden willst, musst du dich ihr nun mal leider stellen. Eine so schonungslose Konfrontation hat aber den tollen Effekt, dass du schnell merken wirst, dass alles nur halb so wild ist wie befürchtet. Und gleichzeitig stärkst du mit jedem erfolgreichen Telefonat dein Selbstbewusstsein.

Deine Aufgabe für heute – und für die Zukunft – lautet darum, so oft wie möglich zu telefonieren. Wenn du im Büro arbeitest, sollte es jede Menge Gelegenheiten geben. Immer wenn du normalerweise eine Mail schreiben würdest, nimmst du heute den Hörer in die Hand. Wenn du einen Job hast, in dem nur selten telefoniert wird, oder du gerade Urlaub hast oder nicht im Job bist, dann führ heute trotzdem mindestens fünf Telefonate. Mit wem – das überlasse ich dir. Schau mal in deine Unterlagen, vielleicht ist mal wieder ein Anruf bei deiner Steuerberaterin oder deinem Steuerberater nötig, vielleicht auch bei deinem Telefonanbieter, da kannst du auch gleich nach einem besseren Tarif fragen, da gibt es ja ständig was Neues. Schön rein in die Hotline und üben. Und wenn dir niemand Fremdes einfällt, den oder die du anrufen könntest, scroll einfach mal durch deine Kontakte im Handy. Wen hast du lange nicht mehr gesprochen? Und den oder die rufst du heute einfach mal an. Und nicht mogeln. Wenn du deine beste Freundin anrufst, dann hast du dich ja nicht überwinden müssen.

Auf dem Aufgabenblatt für heute findest du eine Liste mit den wichtigsten Punkten, die kannst du dir gerne neben das Telefon legen. So, ich wünsche dir viel Erfolg bei deiner Tagesaufgabe. Du kannst das und du schaffst das. Und wenn du möchtest, darfst du dich heute Abend auch für deinen Einsatz belohnen. Zum Beispiel mit einem leckeren Abendessen. Aber natürlich nur, wenn du beim Lieferdienst anrufst – oder noch besser, wenn du einen Tisch im Restaurant reservierst, telefonisch.

Und hier noch ein allerletzter Tipp: Lächle beim Telefonieren. Ein Lächeln kann nämlich auch gehört – oder zumindest wahrgenommen – werden. Ist wirklich so, wirst du merken. Bis morgen!

DEIN TELEFON-LEITFADEN

Heute üben wir das Telefonieren mit fremden Menschen. Mindestens fünf Telefonate solltest du heute führen – und auch wenn es ein bisschen Überwindung kostet: Ich bin mir sicher, du schaffst das. Mit diesem Leitfaden bist du immer gut vorbereitet.

NAME DER ANSPRECHPARTNERIN/DES ANSPRECHPARTNERS:

ERSTER SATZ:

MEIN ANLIEGEN:

DIE WICHTIGSTEN PUNKTE:

„Vielen Dank für das nette Gespräch, schönen Tag noch!“

Tag 21

Heute bewirbst du dich telefonisch um einen Job – auch wenn du gar keinen brauchst

Das war wirklich eine echte Powerwoche für dein Selbstbewusstsein. Und ich kann dir gar nicht sagen, wie toll ich es finde, dass du das alles so toll mitgemacht hast. Gut, vielleicht bist du auch mal ins Stolpern gekommen, vielleicht, weil du dich nicht getraut hast oder kurz vorm Sprung ins kalte Wasser doch noch gestoppt hast. Das ist okay. Denn was zählt, ist, dass du an dir arbeitest. Mit der Zeit wird es dir sicher immer leichter fallen, dich zu überwinden.

Apropos überwinden: Die Woche ist natürlich noch nicht rum und darum wollen wir heute die letzte Überwindung angehen, die ich mal von einem Jobcoach gelernt und natürlich auch schon mal ausprobiert habe. Und diese Übung, das muss ich selbst zugeben, kostet definitiv Überwindung. Gestern haben wir ja schon geübt, mit fremden Menschen zu telefonieren und einfach mal zum Hörer zu greifen. Heute gehen wir noch mal einen Schritt weiter. Für diese Übung brauchst du erst mal einen Laptop oder einen Computer. Nun gehst du auf eine Website mit Stellenangeboten, wie zum Beispiel Indeed, Stepstone, Greenjobs, Xing oder LinkedIn und schaust dir die Stellenangebote zu deinem Beruf an – ja, auch wenn du total happy mit deinem Job bist und nicht auf der Suche bist. Nun möchte ich, dass du dir drei Angebote raussuchst und dir erst mal ganz in Ruhe die Anzeigen durchliest, damit du weißt, was Sache ist. Tja, und dann rufst du dort an. Ja, richtig gelesen, du rufst da jetzt an. Unten steht in der Regel schon die Telefonnummer des Personalverantwortlichen. Und den oder die wirst du jetzt kontaktieren! Ja, ich weiß, das klingt jetzt nach 'ner großen Sache, aber du brauchst im Prinzip nur eine einzige Frage zu stellen, dann kannst du das Telefonat auch schon wieder beenden. So könnte das ungefähr klingen:

„Ja, guten Tag, Dr. Johannes Wimmer hier. Ich habe Ihre Stellenanzeige auf der Plattform XYZ gesehen, die Ausschreibung für die Stelle als Mediziner in der XYZ. Sie schreiben in der Anzeige, dass fünf Jahre Berufserfahrung gewünscht sind. Ich bringe drei Jahre Berufserfahrung in der Position XYZ mit und drei in der Position XYZ, in dem Bereich selbst habe ich aber noch nicht gearbeitet. Kann ich mich damit trotzdem auf die Stelle bewerben? (Antwort abwarten) Alles klar, vielen Dank. Schönen Tag noch. Tschüss!"

Na, das war doch halb so wild, oder? Die Frage nach der Berufserfahrung ist alles, was du brauchst. Und wenn du dich besser fühlst, nimmst du einfach einen anderen Namen, Peter Müller oder Giesela Peters. Das ist jetzt einfach mal erlaubt. Ja, ich weiß, das kostet zu Beginn ordentlich Überwindung und dein Herz wird bestimmt klopfen vor Aufregung, aber es wird dich einen riesigen Sprung nach vorne bringen in Sachen Mut und Selbstbewusstsein. Und wenn du immer noch Zweifel hast, denk immer dran: Du wirst die Person am anderen Ende der Leitung nie wieder sprechen, die kennen dich nicht, du brauchst nichts von denen – und den Job, den willst du auch nicht. Also gesetzt den Fall, dass du dich doch blamierst, wovon ich nicht ausgehe, kann es dir schnurzpiepegal sein. Also: Trau dich. Das wird deine Blockaden in Sachen Small Talk mit fremden Menschen noch einmal ganz erheblich senken. Und du wirst so stolz auf dich sein und die Glücksgefühle werden nur so sprudeln.

DEIN ANRUF IM PERSONALBÜRO

Jetzt wird's spannend, denn heute rufst du in drei verschiedenen Personalbüros an. Hier noch mal die Aufgabe, Schritt für Schritt:

1. GEH AUF EINE WEBSITE MIT STELLENANGEBOTEN, WIE ZUM BEISPIEL INDEED, STEPSTONE, GREENJOBS, XING ODER LINKEDIN.

2. SUCH NACH STELLENANGEBOTEN ZU DEINEM BERUF.

3. SUCH DREI ANGEBOTE HERAUS UND LIES DIR GANZ IN RUHE DIE ANZEIGEN DURCH.

4. RUF IM PERSONALBÜRO AN. DIE NUMMER UND DEN ODER DIE ANSPRECHPARTNER*IN FINDEST DU MEISTENS GANZ UNTEN.

5. STELL EINE FRAGE ZUR GEFORDERTEN BERUFSERFAHRUNG UND FRAG NACH, OB DU DICH TROTZDEM BEWERBEN KANNST. WENN DU MÖCHTEST, KANNST DU AUCH EINE ANDERE FRAGE STELLEN, ZUM BEISPIEL NACH EINER ANDEREN ANFORDERUNG IN DER ANZEIGE.

Mein Tipp

Wenn du möchtest, kannst du den Telefon-Leitfaden von gestern zu Hilfe nehmen.

Tag 22

Dein Date mit dir: Heute ist mal wieder Selfcare angesagt

Wahnsinn, du hast schon drei ganze Wochen geschafft! Das ist wirklich toll und ich finde es richtig stark, dass du schon so lange am Ball bist. Ich hoffe, du kannst in jeder Faser deines Körpers spüren, wie deine selbstbewusste Seite stärker wird, Tag für Tag ein bisschen mehr. Erinnerst du dich noch an deinen inneren Goldschatz, über den wir in der ersten Woche gesprochen haben? Den du all die Jahre in deiner sicher verschlossenen Truhe aufbewahrt hast? Ich finde, man kann ihn – und damit dich – bereits jeden Tag ein bisschen mehr funkeln sehen – und das ist richtig toll! Und genau deshalb hast du dir heute auch ein bisschen Me-Time verdient, also Zeit für dich. Denn du weißt ja, es ist superwichtig, auch mal kleine Auszeiten zu nehmen und die eigenen Bedürfnisse auf den ersten Platz deiner Prioritätenliste zu stellen.

Verbring heute Abend darum wieder ganz bewusst ein paar schöne Stunden mit Selfcare, also mit Selbstfürsorge, und mach ausschließlich das, worauf du Lust hast. Ohne dass du dich groß mit anderen absprechen oder Kompromisse machen musst. Das ist total okay, denn du weißt ja, du kannst dich um dich selbst kümmern und auf deine Wünsche Rücksicht nehmen und trotzdem ein toller Mensch sein, auch wenn du dich mal nicht um andere kümmerst. Auf dem Aufgabenblatt findest du wieder eine leere Me-Time-Liste. Darauf kannst du alles notieren, worauf du mal wieder Lust hättest. Ein leckeres Abendessen, Wellness, ein gutes Buch, dein Lieblingsfilm ... alles ist möglich.

DEIN DATE MIT DIR

Auf dem Aufgabenblatt für heute findest du eine leere Me-Time-Liste. Darauf kannst du alles notieren, worauf du mal wieder Lust hättest.

MEIN ABEND MIT MIR BEGINNT UM: ______ UHR

MEINE IDEEN FÜR MEINE KLEINE AUSZEIT:

Mein Tipp

Schalt dein Smartphone aus und verschaff dir eine kurze Verschnaufpause von der digitalen Welt. Das ist wie Urlaub!

Tag 23

Um selbstbewusst zu sein, musst du dich selbst lieben – mit allen Stärken und Schwächen

Heute starten wir in die letzte Woche unseres gemeinsamen Coachings und ich muss sagen, wir sind schon richtig weit gekommen, oder? In der letzten Woche hast du dich jeden Tag neu überwunden und bist mit geradem Rücken und erhobenen Hauptes auf andere Menschen zugegangen. Du hast versucht, gegen deine Angst, abgelehnt und nicht gemocht zu werden, anzukämpfen. Und ich geh fest davon aus, dass du das wunderbar gemeistert hast. Du hast dir selbst bewiesen, dass es keinen Grund gibt, sich zu fürchten, weil am Ende nämlich nur eines zählt: dass du dich nicht ablehnst, sondern dich selbst liebst, egal was kommt, auch wenn du dich mal blamierst.

Aber wie lernt man das eigentlich, sich selbst zu lieben? Also ich meine, so richtig? Wie lernt man, ein positives Bild von sich zu zeichnen, sich zu akzeptieren und anzunehmen? Ganz einfach ist es nicht, das gebe ich zu. Vor allem, wenn das aktuelle Bild, das du von dir hast, noch immer schlecht ist und du bei jedem Blick in den Spiegel denkst: „Coaching hin oder her – so richtig super finde ich mich einfach nicht." Wenn du so über dich denkst, dann ist das tief verankert und von frühester Kindheit an antrainiert. Das kann man nicht einfach so wegwischen, mit ein paar netten Worten und einem hübschen Kalenderspruch.

Und leider reagieren wir auf mangelnde Selbstliebe fast immer erst mal mit Gegenwehr: Wenn wir unseren Körper zum Beispiel nicht schön finden, weil er nicht den konstruierten gesellschaftlichen Normen und Idealen entspricht – dann reagieren wir darauf nicht mit einem herzlichen „Scheiß drauf, ich mag mich trotzdem“, sondern wir rennen ins Fitnessstudio, fangen an zu hungern oder lassen uns operieren, damit – so der Gedanke – wir uns endlich wieder voller Liebe betrachten können. Weil wir dann richtig sind und der gesellschaftlichen Norm entsprechen, das glauben wir zumindest.

Aber so funktioniert das ja nun leider nicht. Ich habe das unter anderem schon von vielen ehemals übergewichtigen Menschen gehört. Dass sie 20 Jahre lang dachten: Wenn ich erst mal dünn bin, dann kann ich mich endlich selbst annehmen, gut finden und bin glücklich. Tja, und dann, nachdem sie 20 Jahre lang gelitten und schließlich abgenommen haben, tja, da waren sie zwar gesünder und von einer großen körperlichen Last befreit – aus gesundheitlicher Perspektive also wirklich toll –, aber konnten sie auch von sich sagen, endlich glücklich und voller Selbstliebe für sich zu sein? Du ahnst es: Nein, konnten sie nicht. Zumindest nicht, weil sie endlich schlank waren. Denn Selbstliebe können wir nicht durch Leistung erreichen, durch Zahlen auf der Waage oder durch das Ausmerzen vermeintlicher Schwächen.

Aber komischerweise glauben wir das. Und das finde ich wirklich spannend. Denn mal ernsthaft: Wenn wir uns in einen anderen Menschen verlieben, dann knüpfen wir unsere Liebe doch auch nicht an seine oder ihre Perfektion, oder? Wir sagen ja nicht: „Gut, ich finde dich schon ganz okay, aber lieben kann ich dich erst, wenn du einen BMI zwischen 20 und 25 hast, einen Uniabschluss unter 2,0 und ... äh, noch alle Haare auf dem Kopf." So funktioniert das doch nicht. Wir lieben unsere Herzensmenschen doch auch oder gerade weil sie nicht perfekt sind. Weil sie ihre Ecken, Kanten und kleinen Macken haben. Gut, ich geb's ja zu, manchmal nerven die auch ein bisschen, aber das macht sie doch auf keinen Fall zu einem weniger liebenswerten Menschen, oder?

Tja, aber bei uns selbst, da urteilen wir anders, da kommt jeder noch so kleine Makel auf unsere persönliche Pro-und-Kontra-Liste, mit der wir uns quasi selbst beweisen, dass wir nicht so super – oder sogar richtig ätzend – sind. Fies, oder? Wir sind richtig fies zu uns selbst. Und ungerecht, wenn du mich fragst. Wenn wir so, wie wir mit uns selbst umgehen, mit anderen umgehen würden, dann würden die uns vermutlich fragen, ob wir denn eigentlich noch alle Latten am Zaun haben. Und sie hätten recht. Wir sollten wirklich anfangen, uns mehr zu respektieren, so, wie wir auch unsere Mitmenschen – hoffentlich – lieben und respektieren, für das, was sie sind. So, wie sie sind.

Und genau so funktioniert Selbstliebe. Es geht darum, sich selbst zu lieben und zu akzeptieren – mit all den Besonderheiten, Stärken und Schwächen, die zu uns gehören, die uns ausmachen. Das Gesamtpaket. Und zwar ohne Bedingungen à la „Wenn du xyz machst, erreichst, abnimmst, erst dann lieb ich dich." In der Partnerschaft spricht man ja oft von bedingungsloser Liebe – und genau das solltest du auch tun: dich bedingungslos lieben!

Was das alles mit diesem Coaching zu tun hat? Ganz einfach: Wenn du ein Fan von dir selbst bist und dich schätzt, von Kopf bis Fuß, mit allem, was zu dir gehört, dann gibst du dir selbst einen Wert. Du vertraust darauf, dass du super bist, dass du etwas erreichen und in deine Fähigkeiten vertrauen kannst. Ergo: Du gehst als starker, selbstbewusster Mensch durchs Leben, ohne auf den Zuspruch, das Lob und die Anerkennung anderer angewiesen zu sein, weil du all das längst in dir hast. Und das macht dich frei, unabhängig und bringt dich regelrecht zum Strahlen. Eine tolle Vorstellung, oder?

Psychologen haben Strategien entwickelt, die uns auf dem Weg zu uns selbst helfen, alle Minderwertigkeitsgefühle hinter uns zu lassen. Ein paar hast du sogar schon in den letzten Wochen gelernt. Aber es gibt noch ein paar weitere Tipps, die ich heute gerne mit dir teilen möchte.

1. ERLAUB DIR SELBSTLIEBE

Ja, richtig: Du musst dir selbst erlauben, dich zu lieben. Ich weiß, das klingt erst mal komisch. Aber es fühlt sich für viele Menschen leider falsch an, sich hinzustellen und zu sagen: „Ich bin der Hammer! Ich bin super!" Wieso? Na, weil wir gelernt haben, dass „selbstverliebte" Menschen gar nicht gut ankommen und oft arrogant und egoistisch rüberkommen. Und da wir ja alle so große Angst vor Ablehnung haben, scheuen wir uns ganz automatisch davor, uns selbst gut zu finden und das auch noch laut zu sagen. Gut, mit Einschränkungen, ja. Aber richtig super, nein, das wirkt doch überheblich. Und zack, schon machen wir uns wieder klein. Aber: Es ist okay, sich selbst zu lieben. Und das hat auch nichts mit Arroganz oder Selbstverliebtheit zu tun. Also: Erlaub dir das ab heute.

2. BLEIB FAIR

Letzte Woche haben wir ja schon über die hohen Ansprüche gesprochen, die wir alle so gerne an uns selbst stellen. Wir vergleichen uns mit anderen und setzen uns Ziele, die so schwer zu erreichen sind, dass wir nahezu zwangsläufig daran scheitern müssen. Verabschiede dich heute noch einmal in aller Form von diesen unrealistischen Vorstellungen und überleg dir stattdessen neue Maßstäbe und Ziele. Bleib dir selbst gegenüber aber fair dabei und erwarte keine perfekte Performance von dir. Denk dran: Das würdest du doch bei anderen auch nicht tun.

3. GÖNN DIR

Auch darüber haben wir im Prinzip schon gesprochen: über das Wahrnehmen eigener Bedürfnisse. Denn genau das bedeutet Selbstliebe: dass du dich und deine Bedürfnisse respektierst und dir gibst und gönnst, was du brauchst. Ob es nun eine Auszeit, eine Wellnessbehandlung oder ein Glas Schampus ist. Umsorg dich liebevoll, so, wie du es auch mit einem anderen Menschen tun würdest.

4. AKZEPTIER DEINE FEHLER

Wir haben alle Schwächen und Fehler. Das ist so. Vielleicht können wir uns hier und da um Dinge kümmern, die uns wirklich belasten, klar. Aber wir sollten aufhören, unsere Makel als Gegenargument für die Liebe zu uns selbst zu betrachten. Wir sind mit unseren Fehlern genauso liebenswert wie ohne. Und wir sind nicht liebenswerter und glücklicher, wenn wir sie loswerden. Also können wir sie auch einfach akzeptieren und uns selbst sagen: Es ist, wie es ist, und das ist okay. Ich bin gut so, wie ich bin. Ich darf Fehler haben, ich muss nicht alles können, ich muss nicht alles erreichen und der oder die Beste sein. Und auch wenn ich diese paar Fehler habe, habe ich hier auch noch einen Sack voll Goldstücke, die mich ausmachen. Bäm! Fühlt sich gut an, das zu sagen, oder? Und apropos Goldstücke:

5. FEIER DEINE ERFOLGE

Führ dir immer wieder vor Augen, was du alles erreicht hast, und lob dich dafür. Denn du weißt ja, wie wichtig es ist, die Anerkennung aus dem Innen zu ziehen, und wie gut es sich anfühlt, sich selbst auf die Schulter zu klopfen und zu sagen: „Das hast du echt gut gemacht."

Wenn du versuchst, diese fünf Punkte zu verinnerlichen, wird deine Selbstliebe wachsen, das kann ich dir versprechen. Man kann sie leider nicht per Knopfdruck aktivieren, das braucht Zeit. Denn wie gesagt: Die Abneigung, die wir uns selbst gegenüber empfinden, die ist oft tief in uns verankert und über Jahre und Jahrzehnte gewachsen. Darum: Gib dir die Zeit und arbeite daran, ein neues, positives Bild von dir anzulegen. Und damit fangen wir gleich morgen an. Kleine Vorwarnung: Leg dir schon mal einen Spiegel bereit.

Für heute hast du es aber erst mal geschafft. Wenn du noch Energie hast und es noch nicht zu spät ist, gönn dir doch noch einen schönen, langen Spaziergang. Dabei kannst du alles mal in Ruhe sacken lassen und überlegen, wo du in Sachen Selbstliebe stehst. Was steht auf deiner inneren Kontraliste? Und was solltest du dringend loslassen? Gute Fragen, oder? Die kannst du natürlich auch gerne schriftlich beantworten und aufschreiben, zum Beispiel auf dem Aufgabenblatt für heute. Aber nicht vergessen: Nach dem Aufschreiben heißt es: Loslassen! So, bis morgen!

DEINE KONTRALISTE

Fehler haben wir alle. Aber einige wurmen uns mehr als andere, und das oft über viele Jahrzehnte hinweg. Welche Punkte stehen auf deiner Kontraliste? Welche Makel wirfst du dir selbst immer wieder vor? Und wie stehst du jetzt zu ihnen? Möchtest du den einen oder anderen „Fehler" noch „beheben" oder bist du bereit, die Dinge anzunehmen, wie sie sind? Auf der Liste für heute kannst du alle Makel einmal notieren. Alle, die du noch angehen möchtest, kringelst du ein, alle, die du gehen lassen möchtest, streichst du durch.

MEINE KONTRALISTE:

Tag 24

Beim Blick in den Spiegel stärken Powersätze dein positives Selbstbild

Heute starten wir in die letzte Woche unseres 30-Tage-Coachings, in der wir noch mal alles tun wollen, um dein Selbstbewusstsein zu stärken und deine Selbstliebe so richtig anzukurbeln. Denn – das haben wir ja gestern schon ausführlich besprochen – wer sich selbst so richtig gut findet, von Kopf bis Fuß, mit allen Makeln, Stärken und Schwächen, der kann auch selbstbewusst und erhobenen Hauptes durchs Leben gehen.

Heute habe ich eine ganz einfache Übung für dich, die dir im ersten Moment vielleicht ein wenig albern vorkommt oder unangenehm ist, die aber supereffektiv ist. Und die du ganz easy mehrmals am Tag machen kannst: Und zwar möchte ich, dass du dich ab jetzt jedes Mal, wenn du in einen Spiegel schaust, anlächelst. Ja, richtig gelesen. Wieso, fragst du dich? Ganz einfach: Die meisten von uns schauen sich im Spiegel an, als gäbe es nichts Schlimmeres auf der Welt. Sie begutachten sich kritisch, scannen jeden Millimeter Haut nach Pickeln, Falten und verlaufenem Make-up ab, manchmal sogar mit einem richtig angewiderten Blick – aber: Nur die wenigsten lächeln sich an, nach dem Motto: „Hallöchen, was bist du denn bitte für eine umwerfende Person?!"

So, und dreimal darfst du raten, welches Selbstbild du bekommst, wenn du im Spiegel ständig nur nach Makeln suchst. Richtig: Es ist das Bild von der superskeptischen Person, die schon wieder den „Meine-Güte-seh-ich-schon-wieder-fertig-aus-Blick" draufhat. Puh, und die Person soll man einfach so lieben? Nein danke! Aber: Wenn du dich jeden Tag angrinst, morgens noch ein bisschen verschlafen, ist ja klar, und dich vielleicht ab und zu sogar mal ein bisschen anlachst oder auch über eine verirrte Strähne, die dir schon wieder vom Kopf absteht, lachst – dann ist das das Bild, das sich mit der Zeit in deinem Kopf festsetzt. dein lächelndes, freundliches Ich, das sich selbst einen liebevollen Blick zuwirft.

Und wenn du noch einen obendrauf setzen möchtest, kannst du auch noch eine positive Affirmation hinzufügen – also eine Art persönlichen Powersatz, mit dem du deiner Wertschätzung auch noch in Worten Ausdruck verleihst.

Das könnten zum Beispiel diese Sätze hier sein:

- JOHANNES, DU BIST ECHT IN ORDNUNG!
- JOHANNES, DU BIST SUPER, SO WIE DU BIST!
- JOHANNES, DU BIST KLASSE, GUT SIEHST DU HEUTE AUS.

Auf dem Aufgabenblatt für heute kannst du deine eigenen Powersätze festhalten. Die kannst du ruhig ein paar Mal zu dir selbst sagen, jeden Tag. Und ja, vielleicht kannst du dir das am ersten Tag noch nicht abnehmen, vielleicht auch noch nicht nach einer Woche. Aber wenn du dranbleibst, dann wirst du schon bald merken, dass du dir sehr wohl glaubst. Denn: Wer könnte dieser charmant lächelnden Person im Spiegel schon auf Dauer widerstehen? Klingt logisch, oder? Also, auf geht's zum nächsten Spiegel. Und:

Bitte lächeln!

DEINE POWERSÄTZE

Wenn du dein Spiegelbild anlächelst, dann lächelt es auch zurück. Und dieses hübsche, lächelnde Bild von dir verfestigt sich mit der Zeit auch in deinem Kopf. Toll, oder? Am besten ergänzt du diese Übung auch noch mit ein paar wohlwollenden Powersätzen, die deinem Spiegelbild sagen, wie umwerfend es ist. Notier alle Sätze, die dir spontan in den Kopf kommen, und such dir dann einen oder zwei aus, die du dir immer wieder sagst.

Tag 25

Dein Dankbarkeitsglas: Wofür kannst du in deinem Leben so richtig dankbar sein?

Hi, da sind wir wieder. Heute steht eine meiner absoluten Lieblingsaufgaben auf dem Programm. Und zwar widmen wir uns heute einem unglaublich wichtigen Thema, und das ist Dankbarkeit. Für all die Dinge, die du geschafft hast, aber auch für alles, was du in deinem Leben hast. Denn wie reich unser Leben ist, das vergessen wir immer viel zu schnell, weil wir oft nur die Lücken und die Schattenseiten sehen.

Für diese Übung brauchst du einen Notizblock oder du schnappst dir dein Aufgabenblatt für heute, da sind auch kleine Kärtchen zum Kopieren und Ausschneiden drauf. So, und nun geht's auch schon los: Also, ab heute notierst du jeden Abend vor dem Schlafengehen drei Dinge, Momente, Erlebnisse, Eigenschaften oder Menschen, für die du dankbar bist. Egal, wie banal es ist. Jede Kleinigkeit zählt.

Warum das Ganze? Ganz einfach: Du sammelst weitere Beweise dafür, dass du ein wirklich toller Mensch bist, der ein erfülltes, reiches Leben hat, mit vielen Dingen, für die man dankbar sein kann. So, und jeden dieser Zettel steckst du bitte in ein Einmachglas. Dort sammelst du all deine Dankbarkeitsmomente für die Ewigkeit. Tja, und wenn du dann mal wieder einen schlechten Tag hast und dich klein und traurig fühlst, dann nimmst du dir einfach einen Zettel raus, erinnerst dich an den Moment, fühlst dich noch mal hinein, und vielleicht wird er dann ein zweites Mal zu einem Lächeln.

DEIN DANKBARKEITSGLAS

Notier jeden Abend drei Dinge, für die du dankbar bist. Das können Menschen sein, die dein Leben bereichern, das können kleine Glücksmomente sein, die du erlebt hast, aber auch Dinge, auf die du stolz bist – denn für Herausforderungen, die man gemeistert hat, kann man schließlich auch dankbar sein. Du wirst sehen: Dein Glas wird sich ruck, zuck füllen, mit all den tollen Dingen, die dein Leben ausmachen.

Mein Tipp

Wenn du möchtest, kannst du die Kärtchen auf der nächsten Seite vorher kopieren, ausschneiden und dann Tag für Tag verwenden.

BITTE UMBLÄTTERN ;-)

Heute, am ________
bin ich dankbar für:

____

____

____

Heute, am ________
bin ich dankbar für:

____

____

____

Heute, am ________
bin ich dankbar für:

____

____

____

Heute, am ________
bin ich dankbar für:

____

____

____

Heute, am ________
bin ich dankbar für:

____

____

____

Heute, am ________
bin ich dankbar für:

____

____

____

Tag 26

Dein Date mit dir: Nimm dir heute mal wieder eine Auszeit und mach was für dich!

Hallo, schön, dass du wieder da bist. Wahnsinn, wir befinden uns jetzt mitten in der letzten Woche dieses Coachings und ich muss sagen, wir haben richtig viel erreicht. DU hast richtig viel erreicht. Das ist wirklich toll und ich hoffe, du spürst, wie du von Tag zu Tag stärker und selbstsicherer wirst. Wie du anfängst, dich selbst anzuerkennen und zu loben. Ja, wie du anfängst, dich immer mehr zu lieben und zu schätzen. Ein tolles, warmes Gefühl, oder?

Und wo wir schon von Selbstliebe sprechen! Genau damit wollen wir heute weitermachen:

Wir haben ja schon darüber gesprochen, wie wichtig es ist, sich um sich selbst zu kümmern. Und zwar regelmäßig, mindestens einmal die Woche. Und heute ist mal wieder Zeit für eine richtig schöne Auszeit, die du selbstverständlich ganz nach deinen Wünschen gestalten kannst. Die einzige Regel: Du kümmerst dich nur um dich, nicht um andere, lässt dein Handy aus – und machst keinen Nervkram, also keinen Haushalt, keine Büroarbeiten und widmest dich keinen blöden Pflichten, die in die Kategorie „supernervig“ fallen. Die sind heute absolut verboten!

Tag 27

Dream big: Erfüll dir alte Träume, die du dich bisher nicht getraut hast zu verwirklichen

Hallo, schön dich zu sehen. Ich hoffe, du hast die Zeit für dich gestern genossen. Denk auch in Zukunft daran, dir mindestens einmal die Woche ein paar Stunden freizunehmen, in denen du nur was für dich machst.

Und in diese Richtung möchte ich heute auch noch mal mit dir zusammen gehen. Wir haben ja nun den Großteil unserer gemeinsamen Reise hinter uns. Das Ziel war, an deinem Selbstbewusstsein zu arbeiten, deinen Selbstwert zu stärken, vielleicht ein bisschen an deiner Schüchternheit zu arbeiten, aber auf jeden Fall an deinem Mut – und natürlich an deiner Selbstliebe. Und ich finde, du hast dich wirklich toll gemacht.

Die heutige Aufgabe passt ganz gut zu der Aufgabenliste, die du am Anfang entwickelt hast. Du erinnerst dich doch sicher noch an Woche 1, als du dir für einen Lebensbereich, in dem du dich besonders unsicher fühlst, zehn Miniaufgaben für zehn Tage ausdenken solltest, kleine Challenges sozusagen, bei denen du dich jeden Tag ein kleines bisschen überwinden musstest. Heute gehen wir noch einen Schritt weiter. Und jetzt pass auf: Ich sage jetzt ganz bewusst nicht „Heute machst du“ oder „Ich würde es toll finden, wenn du heute XYZ machst ...“ – denn du bist ein Stück weiter, du brauchst nicht mehr meine Aufforderung, den äußeren Antrieb oder meine Bestätigung, indem ich mir etwas von dir wünsche, was du dann erfüllst. Heute gibst du dir selbst die Bestätigung und sorgst selbst für deinen inneren Antrieb. Ich schlage dir einfach etwas vor..

Also: Was hältst du davon, wenn du dir heute eine halbe Stunde Zeit nimmst, um zurückzublicken zu deinem alten Ich. Überleg mal: Gibt es Wünsche oder Träume in deiner Vergangenheit, die du aus Angst, nicht selbstbewusst genug dafür zu sein, zu den Akten gelegt hast? Aus Angst, nicht gut genug, nicht kompetent oder stark genug zu sein?

Wenn du Lust hast, kannst du auf deinem Aufgabenblatt fünf Dinge notieren, die du eigentlich schon immer mal wagen wolltest, aber aus Angst vor dem Leben außerhalb deiner Komfortzone nie getan hast. Welche sind das? Es dürfen auch Dinge sein, die du mal vor langer Zeit gemacht hast und dich dann aber irgendwie nicht mehr getraut hast, sie wieder anzugehen. Vielleicht weil du es vermasselt hast, dabei gestürzt bist oder sich irgendwann auf einmal die Angst eingeschlichen hat. Such dir von den fünf Dingen eine Sache aus, die dir am wichtigsten ist und die du unglaublich gerne mal wagen möchtest. Und hey, du weißt doch: Du kannst das! Du hast gezeigt, dass deine selbstbewusste Seite nicht nur existiert, nein, du hast gezeigt, dass sie bereits ziemlich hell strahlt. Also: Warum nicht ein größeres Abenteuer angehen? Ich finde ja, eine tolle erste Aufgabe wäre ein kleiner Städtetrip, den du ganz alleine machst. Allein zu reisen ist nämlich eine extrem coole Erfahrung und ein toller Beweis, dir zu zeigen, wie selbstbewusst du bist. Aber wie gesagt: Du entscheidest selbst, wozu du bereit bist und worauf du Lust hast. Aber ich kann nur empfehlen: Dream big! Die ganze Welt steht dir offen!

WOVON TRÄUMST DU?

Nimm dir einen Moment Zeit und schau in deine Vergangenheit. Gibt es da Dinge, die du eigentlich schon immer mal wagen wolltest, die du aber aus Angst vor dem Leben außerhalb deiner Komfortzone nie getan hast?

NOTIER FÜNF DINGE, DIE DU SCHON IMMER MAL WAGEN WOLLTEST.

SUCH DIR EINE SACHE AUS, DIE DIR AM WICHTIGSTEN IST.
WIE KÖNNTEST DU DIESES VORHABEN IN DIE TAT UMSETZEN?

WANN KÖNNTEST DU DEIN ABENTEUER WAHR WERDEN LASSEN?

Tag 28

Die 5-Stunden-Regel: Lern jeden Tag etwas aufregend Neues!

Wow, heute ist schon Tag 28 unserer gemeinsamen Reise. In dieser Woche haben wir ja schon den einen oder anderen Blick auf das Thema Selbstliebe geworfen und festgestellt, wie wichtig es ist, dass wir uns um uns selbst kümmern, wenn wir wachsen und selbstbewusst durchs Leben gehen wollen. Aber was können wir denn eigentlich noch tun, wenn wir sagen: Ich möchte mich mehr um mich selbst kümmern?

Eine wunderbare Möglichkeit, um auch künftig etwas für dich zu tun, ist die 5-Stunden-Regel, die du bei Bedarf aber auch zu einer 210-Minuten-Regel oder auch zu einer 70-Minuten-Regel umfunktionieren kannst, ganz wie es dein Alltag und dein Zeitkonto erlauben. Das sind dann jeden Tag 30 Minuten oder jeden Tag 10 Minuten, wenn man von einer 7-Tage-Woche ausgeht. Der offizielle Name ist jedoch „5-Stunden-Regel“. Dahinter steckt die Idee, jede Woche fünf Stunden darauf zu verwenden, gezielt etwas Neues zu lernen. In dem Fall: eine Stunde an jedem Werktag. Was das soll? Ganz einfach: Es geht darum, dass du jeden Tag etwas für dich tust, für deinen Wissensschatz, für deine grauen Zellen. Auch damit zeigst und beweist du dir selbst: Alles klar, ich finde mich so super, dass ich mir jeden Tag eine Stunde nur für mich gönne, in der ich gezielt etwas Neues in mein Leben lasse. Und mal abgesehen davon: Mit jeder neu gelernten Lektion wirst du dich auch selbst ein bisschen toller finden, denn wir wissen ja alle: Wissen macht sexy. Und es macht dich auch sexy für dich selbst. Aber nicht vergessen: Mach das wirklich nur für dich, nicht, damit dir irgendwer auf die Schulter klopft und dir sagt, dass du das gut gemacht hast. Du weißt doch, wir klopfen uns jetzt nur noch selber auf die Schulter!

Auf das Aufgabenblatt kannst du aufschreiben, was du im kommenden halben Jahr gerne lernen möchtest. Für den Anfang eignet sich zum Beispiel eine neue Sprache, die kannst du ganz easy über Smartphone-Apps lernen. Wer ein bisschen mehr tun möchte, kann sich aber auch beruflich weiterbilden oder einen coolen Kurs an der Volkshochschule machen. Aber auch online gibt es mittlerweile diverse Kurse, die man gratis absolvieren kann, sogar von weltweiten Universitäten. Ja, richtig, das sind echte Unikurse, die du dir anschauen kannst, umsonst, ohne dass du irgendwelche Voraussetzungen erfüllen musst. Da brauchst du noch nicht mal Abi oder ein Studium. Und das Tolle ist: Gegen eine geringe Gebühr bekommst du sogar ein Zertifikat dafür. Cool, oder? Auf der Website edukatico.org zum Beispiel findest du ein tolles Verzeichnis für offene Kurse auf der ganzen Welt. Schau doch mal rein, vielleicht findest du etwas, das deine Neugier weckt. Aber wie gesagt: Wichtig ist, dass du das nur für dich machst, nicht für die Bestätigung und die Anerkennung anderer.

So, aber jetzt lass ich dich erst mal in Ruhe aufschreiben, was du im kommenden Jahr alles lernen möchtest. Bis morgen! Tschüss!

LERN ETWAS NEUES

Was möchtest du in den nächsten sechs Monaten gerne lernen? Es könnte eine neue Sportart sein, ein neues Hobby oder auch eine Sprache, die du noch nicht sprichst. Die Welt steht dir offen!

MEINE IDEEN:

Tag 29

Schneid dir ein dickes, fettes Stück vom Glückskuchen ab!
Es ist genug für jeden da!

Heute möchte ich mit dir noch einmal über ein ganz wichtiges Thema sprechen, das du im ersten Moment vielleicht gar nicht in diesem Coaching vermuten würdest – und zwar über das Glück. Der Begriff klingt ja leider immer so ein bisschen abstrakt und eigentlich weiß auch niemand so genau, wie man Glück exakt definiert – aber was wir alle wissen, ist, ob wir gerade glücklich sind. Darum frage ich dich heute: Bist du glücklich? So richtig? Vom Scheitel bis zu den Zehenspitzen?

Lass mich raten: Du nickst gerade und sagst: „Oooch jaaa, ich bin schon ganz zufrieden. Hier und da könnte es natürlich besser laufen, aber was beschwere ich mich, anderen geht es ja noch viel schlechter als mir."

Genau so sind wir drauf. Wir denken nämlich fast alle, wir hätten das ganz große Glück überhaupt nicht verdient. Wir glauben, dass es uns nicht zusteht. Das gilt übrigens nicht nur für das abstrakte Glück, sondern auch für ganz konkrete Bereiche, wie einen tollen Job, eine liebevolle Beziehung oder ein schönes Familienleben.

Und wir glauben übrigens nicht nur, dass wir das alles nicht so richtig verdient haben, zumindest nicht in der 10-von-10-Punkten-Happiness-Version, sondern auch, dass wir vielleicht einen hohen Preis dafür bezahlen müssen, wenn wir es doch haben wollen. So. Und worin besteht der Preis? Du ahnst es: in Selbstaufgabe, in Stress, in Zurückstecken.

Und wieso? Weil wir glauben, dass wir erst mal ordentlich ackern und arbeiten, ja vielleicht sogar leiden müssen, bis wir uns unser Stück vom Kuchen, unsere Karriere, unser Glück auch redlich verdient haben. Und darum gehen wir lieber mit gesenktem Kopf durchs Leben statt mit geradem Rücken und geben uns still und leise mit einer „So-lala-Version" unseres Lebens zufrieden.

Aber wo steht denn bitte geschrieben, dass man sich Glück „verdienen" muss? Oder dass man es nicht verdient hat? Tatsächlich ist das Leben sogar voll mit Glücksmomenten, aber immer wenn wir einen sehen, dann denken wir: „Okay, ich stell mich mal lieber zwei, drei Meter weg oder hinten an, dann bekomm ich vielleicht noch ein paar Glücksstrahlen ab, aber den Rest überlasse ich den anderen. Tja, aber wenn du so denkst und handelst, dann bekommst du eben auch nur die paar Glücksstrahlen ab und nicht das volle Paket.

In den letzten Wochen hast du hoffentlich gelernt, dass du dir deinen Teil vom Glück auf jeden Fall nehmen darfst. Du darfst das volle Programm haben, weil du ein toller, wunderbarer, starker und wertvoller Mensch bist. Aber – und das ist ganz, ganz wichtig – du musst dir das Glück eben auch selbst zugestehen und erlauben. Und wenn du morgen durch deinen Alltag gehst und dann siehst du da drüben das Glück, dann wink ihm nicht nur schüchtern aus der Ferne zu, sondern geh hin und schneid dir sofort ein dickes, fettes Stück vom Glückskuchen ab. Und falls du jetzt schon wieder zu zweifeln beginnst: Du darfst das. Du darfst mit geradem Rücken durchs Leben gehen, mit erhobenem Kopf, und mutig auf andere zugehen, dir nehmen, was dir zusteht, und einfach mal glücklich sein. Du hast es dir verdient!

So. Und nun geht es kurz vor Ende unserer gemeinsamen Zeit noch mal richtig ans Eingemachte. Ich möchte gerne, dass du heute drei Situationen, Momente oder Bereiche deines Lebens raussuchst, bei denen du sagst: „Okay, hier habe ich mir wirklich nichts gegönnt oder erlaubt, weil ich immer dachte, dass nicht mehr für mich drin ist, weil ich nicht selbstbewusst genug bin.“ Das kann die Familie, die Karriere, die Ausbildung oder die Liebe betreffen, vielleicht auch etwas ganz anderes. Nimm dir ruhig ein bisschen Zeit dafür und durchdenk jeden Punkt einmal in Ruhe. Auf dem Aufgabenblatt findest du noch ein paar zusätzliche Fragen, die dir dabei helfen können.

Und wenn du damit fertig bist: Überleg doch mal, wie du diese drei Situationen oder Bereiche noch zum Positiven verändern könntest, jetzt, wo du so viel in diesem Coaching gelernt hast und weißt, wie du selbstbewusst und mutig durchs Leben gehst. Ich kann dir nur sagen:

Du hast dir das verdient.
Du darfst glücklich sein!

DEINE PORTION GLÜCK

Notier drei Situationen, Momente oder Bereiche deines Lebens, bei denen du rückblickend sagst: „Okay, hier habe ich mir wirklich nichts gegönnt oder erlaubt, weil ich immer dachte, dass nicht mehr für mich drin ist, weil ich nicht wertvoll oder selbstbewusst genug bin.“

Was kannst du verändern, damit du in Zukunft zu deiner Portion Glück kommst?

Wenn du es dir jetzt gönnst: Könntest du damit jemanden verletzen oder wehtun? Und wenn ja, wie könntest du es schaffen, dass das nicht passiert, aber du trotzdem das bekommst, was dir zusteht?

Tag 30

Du kannst stolz auf dich sein: Du hast es geschafft! Und: Wie fühlt sich dein neues Selbstbewusstsein an?

In den vergangenen 30 Tagen haben wir echt viel zusammen erlebt, oder? Wir haben richtig viel durchgemacht und ich sage das wirklich ganz bewusst: Wir! Das ist ein Weg, den wir zusammen gegangen sind, wir haben gemeinsam gearbeitet, einiges gelernt, vielleicht sogar das eine oder andere Mal geweint, aber hoffentlich auch ab und zu zusammen gelacht. Und wir sind über uns hinausgewachsen. Findest du nicht? Du hast so viele Übungen gemeistert, so viele Herausforderungen gewuppt und dich immer wieder neu überwunden – darauf kannst du wirklich stolz sein. Und das ist allein dein Werk. Du hast das geschafft, niemand sonst. Hättest du vor vier Wochen gedacht, dass du an diesen Punkt kommen würdest und so stolz auf die letzten Tage zurückblicken kannst? Jeden Tag so ehrlich und intensiv an sich zu arbeiten, all die Aufgaben zu bewältigen, das erfordert richtig viel Mut und Kraft – und schau mal, wie viel davon in dir steckt. Ja, wie viel davon schon immer in dir gesteckt hat! Toll, oder? Also ich finde das wirklich richtig, richtig stark!

Und heute, in unserer letzten gemeinsamen Einheit, wollen wir noch einmal gemeinsam zurückschauen auf das, was wir gemeinsam gelernt haben. Das Ziel unserer gemeinsamen Reise war ja, deinen Selbstwert zu stärken, an deinem Selbstbewusstsein zu arbeiten, deine Schüchternheit zu überwinden und deine Selbstliebe zu pushen. Jede Woche haben wir eines dieser Ziele in Angriff genommen und geschaut: Was ist das eigentlich? Was bedeutet das? Und wie komme ich da hin?

In der ersten Coachingwoche ging es los mit dem Begriff Selbstbewusstsein und der Frage: Was versteht man darunter? Wir haben uns gemeinsam ein paar Definitionen angesehen, unter anderem diese hier: „Selbstbewusstsein bedeutet, dir deines Selbst bewusst zu sein, dich selber zu kennen und zu wissen, wer du bist. Was macht deinen Charakter aus? Was sind deine Stärken? Selbstbewusstsein dient als Grundlage, um dein Selbstwertgefühl und dein Selbstvertrauen positiv zu beeinflussen."

Und wir haben festgestellt, dass darin vier elementare Aussagen stecken:

1. Du bist dir deiner selbst bewusst.
2. Du weißt, wer du bist.
3. Du kennst deine Stärken.
4. Es ist die Grundlage für ein positives Selbstwertgefühl und Selbstvertrauen.

So, und wir haben auch festgestellt, dass wir genau da hinwollen. Wir wollen herausfinden, welche Stärken und Fähigkeiten in uns stecken, wir wollen davon überzeugt sein und darauf vertrauen können, wir wollen selbstsicher auftreten und von unserem Selbstwert überzeugt sein. Aber dafür mussten wir all diese Dinge erst mal für uns persönlich ergründen. Angefangen mit der Frage, was denn eigentlich hinter dem Begriff „Selbstwert" oder auch „Selbstwertgefühl" steckt.

Du erinnerst dich: Laut Duden steckt dahinter das Gefühl für den eigenen Wert. Man könnte auch sagen, dass es hier um die eigene Wertschätzung geht. Also: Was halte ich von mir selbst? Finde ich mich super oder eher nicht so super? Schätze ich mich oder wertschätze ich mich nicht? Mag ich mich oder mag ich mich nicht?

Wir haben festgestellt, dass es natürlich sehr, sehr wichtig ist, sich selbst wertzuschätzen, aber nicht, indem wir auf Wertschätzung von außen abzielen, sondern dass das aus uns selbst kommen muss. Denn: Wir sollten unseren Selbstwert nicht dem Urteil anderer Menschen überlassen. Es heißt ja auch Selbstwertgefühl und nicht Fremdwertgefühl.

In diesem Zusammenhang haben wir uns auch die Frage gestellt: Hey, was macht mich eigentlich wertvoll? Welche Stärken und Fähigkeiten habe ich eigentlich? Welche tollen Eigenschaften? Diesen inneren Goldschatz haben wir alle längst in uns – nur dass einige von uns leider mit der Zeit vergessen haben, dass er existiert. Oder dachten, dass die Münzen nichts wert seien. Und so bleibt all das Gute, was längst in uns steckt, verborgen – vor anderen, aber auch vor uns selbst. Wir haben darum gemeinsam aufgeschrieben, welche tollen Dinge eigentlich alle in uns stecken und welche Fähigkeiten wir bereits mit anderen teilen und welche nicht. Hast du die Liste noch? Hol sie doch noch einmal heraus, wenn möglich, und schau sie dir noch mal ganz genau an. Hier siehst du das, was du vor vier Wochen über dich und deinen Goldschatz gedacht hast. Wie siehst du das heute? Sind die Punkte noch aktuell? Oder hast du vielleicht noch ein paar weitere tolle Sachen an dir entdeckt? Neue Talente oder Fähigkeiten? Nimm dir ruhig mal kurz zwei Minuten Zeit und überleg dir, ob du deine „Ich-bin-super-Liste" noch ein bisschen ergänzen möchtest. Toll, was da alles in dir steckt! Ich finde, es tut wahnsinnig gut, sich das ab und zu mal vor Augen zu führen, vor allem an Tagen, an denen man denkt: „Mensch, heute ist echt alles kacke." Aber wenn du dann deine „Ich-bin-super-Liste" rausholst, dann ist das wie ein kleiner Komplimenteschauer, der über dir abregnet. Und das ist natürlich Zucker für deinen Selbstwert.

Aber da es ja nicht immer nur Zuckerstreusel geben kann, haben wir natürlich auch an unseren Schwächen – oder unseren vermeintlichen Schwächen – gearbeitet. Also an den Bereichen, in denen wir uns nicht stark und selbstbewusst fühlen, und zwar in den fünf Lebensbereichen Freunde, Familie, Partnerschaft, Job und „unterwegs". Wir haben geschaut, wo wir uns nicht gut fühlen, unsicher und schüchtern sind und wo genau das Problem liegt.

Ein Beispiel: der Job-Kreis. Wo liegt das Problem? Da könnte zum Beispiel stehen: „Ich zweifle stark an meinen Fähigkeiten. Ich traue mich nicht, bei Kunden anzurufen. Es fällt mir schwer, vor meinen Vorgesetzten zu sprechen. Ich habe Angst davor, vor Kolleginnen und Kollegen Präsentationen zu halten und mich zu blamieren."

So, und danach wurde es zum ersten Mal in diesem Coaching richtig spannend für dich, denn du hast dir zehn Miniaufgaben ausgedacht, also kleine Herausforderungen, die du zehn Tage lang abarbeiten solltest. Warum? Ganz klar: Um dir selbst zu beweisen, dass du sehr wohl selbstbewusst bist – und dass alles eigentlich gar nicht so schlimm ist, wenn man sich erst mal überwunden hat. Ich weiß, das sagt sich immer so schön einfach und es ist natürlich alles andere als leicht, sich zu trauen und zu überwinden, aber rückblickend wirst du sicher auch zugeben: Wenn man es erst mal ein paar Mal gemacht hat und in Minischritten vorgeht, statt sich gleich zu überfordern, wird es tatsächlich leichter. Denn genau so funktioniert unser Verstand: Wenn wir ihm erst mal ein paar Beweise vorgelegt haben, dass wir sehr wohl selbstbewusst handeln können – dann glaubt er das auch. Nicht sofort, aber je mehr Beweise wir ihm vorlegen, desto überzeugter ist er irgendwann. Cool, oder?

Damit du nicht völlig unvorbereitet in deine ersten Miniaufgaben gehen musstest, haben wir aber auch noch mal über die fünf Basics eines selbstbewussten Ichs gesprochen, die wir hier kurz noch einmal wiederholen wollen. Fangen wir mit dem ersten Punkt an:

DIE KÖRPERHALTUNG

Fakt ist: Mit einer selbstbewussten Haltung ist die halbe Miete schon gewonnen. Wer selbstbewusst steht und geht, der kommt auch so rüber – und fühlt sich auch so. Hier noch mal eine kleine Wiederholung:

- STELL DICH AUFRECHT HIN UND MACH DICH GROSS. DER RÜCKEN IST GERADE.
- DER KOPF GEHT GERADEAUS, DAS KINN LEICHT NACH OBEN.
- DIE SCHULTERN ETWAS NACH HINTEN ZIEHEN.
- DIE BRUST STRECKST DU NACH VORNE.
- DIE FÜSSE STEHEN ETWA HÜFTBREIT AUSEINANDER.
- DIE ARME LOCKER NEBEN DEM KÖRPER HÄNGEN LASSEN.
- DIE AUGEN SUCHEN BLICKKONTAKT MIT DEM GEGENÜBER.

Ich weiß, das klingt alles total simpel – aber eine gute Körperhaltung ist wirklich wichtig, auch für deinen Rücken, aber vor allem, weil du damit viel besser rüberkommst. Locker, entspannt, aber total selbstbewusst – und genau das kann dir in der einen oder anderen Situation eine Extraportion Selbstsicherheit geben. So, machen wir weiter mit:

ERNÄHRUNG, BEWEGUNG, PAUSEN

Drei superwichtige Punkte. Denn wenn wir uns gut und ausgewogen ernähren und ausreichend bewegen, zeigen wir uns und unserem Körper:

„Hey, du bist mir wichtig. Du bist dir wichtig. Du bist es wert, dass ich mich gut um dich kümmere." Und das hat einen unglaublichen Effekt auf unser Selbstwertgefühl. Genau wie regelmäßige Auszeiten übrigens, denn auch damit zeigst du dir selbst, dass du dich und deine Bedürfnisse wichtig nimmst. So, und der letzte Punkt ist die ...

KLEIDUNG

Das, was wir anziehen, kann nämlich einen unglaublichen Effekt auf unser Selbstbewusstsein haben. Dabei geht es aber natürlich nicht darum, besonders teure oder elegante Sachen tragen zu müssen, sondern dass du für dich herausfindest, worin du dich wohlfühlst, worin du dich sicher und gut fühlst. Und den ganzen Rest: Aussortieren, weggeben – das können andere anziehen. Aber du solltest nur das tragen, worin du dich toll fühlst, ganz egal, ob das nun ein Kostüm, ein Anzug, eine Stoffhose, ein Minirock oder eine Jeans ist. Jeder und jede von uns sollte das selbst entscheiden dürfen.

So, und dann hatten wir die erste Woche auch schon hinter uns. Und was war in der zweiten Woche los? Richtig, du erinnerst dich, da haben wir uns in die Küche begeben und zusammen in die Kochtöpfe unserer inneren Miesepetra und unseres inneren Zweiflers geschaut. Und da haben wir festgestellt, dass wir verschiedene Töpfe auf dem Herd haben.

In Topf 1 blubbern die ewigen Vergleiche mit anderen vor sich hin, die uns ganz schön verunsichern können. Wir lieben es nämlich, uns mit anderen zu vergleichen. Die anderen sind schließlich immer schöner, schlanker, muskulöser, klüger, lustiger, reicher, beliebter und erfolgreicher als man selbst. Und wir stinken eigentlich fast immer ab. Wieso? Richtig, weil wir uns fast immer mit den völlig falschen Leuten vergleichen, und zwar mit den Überfliegern. Dagegen sehen wir natürlich immer schlecht aus. Aber wir haben auch herausgefunden, dass es gute Vergleiche gibt, an denen wir wachsen können. Und das sind Menschen, die uns ebenbürtig sind oder nur minimal „besser" als wir. Denn dann zerschmettert uns der Vergleich nicht, sondern wir können am Vergleichen wachsen, denn solche Menschen können uns anspornen.

Aber noch besser ist, und das kann ich nur wiederholen: Sag dir immer wieder, dass du dich nicht mehr mit Person XY vergleichen musst. Und dass es okay ist, nicht alles perfekt zu können. Es ist okay, wenn du dieses oder jenes nicht oder nicht so gut wie andere kannst. Du musst nicht alles können. Du kannst andere Sachen sehr gut. Und auch dort gilt: Du musst nicht besser werden. Stattdessen solltest du lernen zu schätzen, wer du bist und was du alles super kannst.

So, und damit kommen wir auch schon zum zweiten Topf auf unserem Herd: Und da sind die Selbstvorwürfe drin, die wir uns selbst immer wieder machen. Und die können ganz schön übel klingen. Fies, hart, unfair – aber genau so gehen wir leider mit uns selbst um. Das ist ja unsere eigene Stimme, die wir da sprechen lassen. So würden wir mit anderen Menschen aber niemals sprechen – es sei denn, wir können sie nicht ausstehen. Irre, oder? Aber das können wir zum Glück ganz einfach ändern: Und zwar indem wir anfangen, mit uns selbst zu sprechen wie mit einem sehr guten Freund oder einer sehr guten Freundin. Liebevoll, freundlich, unterstützend, warm – und natürlich auch gerne humorvoll. Und wenn du dich selbst kritisieren möchtest, dann mach es respektvoll und konstruktiv, statt deine Schwächen aufzubauschen oder dich niederzumachen.

Du hast es nämlich verdient, gut behandelt zu werden! Vor allem von dir selbst – aber auch von anderen.

Denn wer schwimmt im dritten Topf? Richtig, andere. In unserem Inneren sind nämlich nicht nur unsere eigenen fiesen Stimmen, sondern auch die fiesen Stimmen von anderen. Von Menschen in unserem Umfeld, die nicht besonders liebevoll mit uns umgehen. Die gerne sticheln, dir hier und da eins auswischen, dich bloßstellen. Und zwar weil sie selbst so unzufrieden und unsicher sind, dass sie sich durch die Abwertung anderer Menschen besser und größer fühlen. Sie pushen also ihr eigenes Selbstbewusstsein, indem sie dich abwerten. Und was machen wir mit solchen Menschen: Richtig, wir verabschieden uns von ihnen. Und scharen lieber ganze viele tolle Menschen um uns, die uns guttun, die uns sagen, wie umwerfend wir sind, die uns schätzen, so wie wir sind. Sie schulen unsere innere Stimme nämlich darin, gnädiger, liebevoller und freundlicher mit uns umzugehen. Und dann hörst du hoffentlich schon bald ein „Du schaffst das" oder ein „Super gemacht" von dir selbst. Du machst deine innere Stimme quasi vom Feind zum Freund. Toll, oder?

Und was dir auf diesem Weg hilft, ist was? Genau, es ist Anerkennung. Bestätigung und Lob für das, was du tust, erreichst, was du gut hinbekommst. Da wir unsere Bestätigung aber ja nicht mehr im Außen suchen wollen, sondern im Innen, haben wir genau daran gearbeitet, und zwar indem wir geübt haben, uns selbst wohlwollend zu betrachten und dankbar zu sein für all die wunderbaren Sachen, die wir bereits in unserem Leben haben: für unsere Eigenschaften und unsere Erfolge, auf die wir so richtig stolz sind, aber auch für all die anderen schönen Dinge des Lebens. Schnapp dir doch noch mal das Dankbarkeitsglas. Da steckt bestimmt schon eine ganze Menge Wertschätzung drin, für dich, für dein Leben, für dein Umfeld. Und wann immer du anfängst, an dir zu zweifeln, brauchst du einfach nur in dieses Glas zu schauen.

Und das kann richtig viel Power geben, vor allem wenn wir hier und da auch noch mit Schüchternheit zu kämpfen haben. Und das war ja das große Thema in Woche 3, an die du dich mit Sicherheit noch supergut erinnern kannst, oder? Meine Güte, das war ganz schön aufregend, oder? In der dritten Woche hast du dich wirklich jeden Tag neu überwunden und bist mit geradem Rücken und erhobenen Hauptes auf andere Menschen zugegangen. Du hast versucht, gegen deine Angst, abgelehnt und nicht gemocht zu werden, anzukämpfen. Und ich gehe fest davon aus, dass du das auch wunderbar gemeistert hast. Du hast dir selbst bewiesen, dass es keinen Grund gibt, sich zu fürchten, weil am Ende nämlich nur eines zählt: dass du dich selbst nicht ablehnst, sondern dich liebst, egal was kommt, auch wenn du dich mal blamierst.

Und damit du auch in Zukunft versuchst, an deiner Schüchternheit zu arbeiten, gilt natürlich auch weiterhin:

1. Hör auf, dir immer den Worst Case, den schlimmsten Fall, auszumalen.
2. Du kannst nicht wissen, was andere denken. Bezieh nicht immer alles gleich auf dich.
3. Komm raus aus deiner Komfortzone. Wenn du selbstbewusster werden möchtest, musst du aktiv werden und deinem Verstand Beweise liefern. Zeig ihm immer wieder: „Du, ich bin gar nicht schüchtern. Ich spreche fremde Menschen an, ich ergreife das Wort, ich geh auf andere zu – und es ist nichts Schlimmes dabei passiert.“

4. Erlaub dir, Fehler zu machen. So sind wir nun mal und das ist okay.
5. Mach dir immer wieder klar, dass du klasse bist, mit allen Stärken und Schwächen. Und selbst wenn du mal in eine peinliche Situation gerätst, ändert das nichts daran, dass du all diese tollen Eigenschaften hast.
6. Fürchte dich nicht vor der Ablehnung. Ich weiß, die kann wehtun, aber so ist nun mal das Leben. Es kann nicht jeder jeden mögen. Und auch du magst schließlich nicht jeden. Also, verabschiede dich von dem Anspruch an dich selbst, dass dich unbedingt jeder gernhaben muss.

Wer dich aber unbedingt lieben muss – darüber haben wir in der vierten Woche gesprochen. Und das bist DU selbst. Natürlich haben wir auch darüber gesprochen, wie wir das üben können. Denn wer sich selbst so richtig gut findet, von Kopf bis Fuß, mit allen Makeln, Stärken und Schwächen – der kann auch selbstbewusst durchs Leben gehen. Eine ganz einfache Übung dazu habe ich gleich am Wochenanfang mit dir geteilt. Und dabei ging es um die Aufgabe, das eigene Spiegelbild anzulächeln, ganz nach dem Motto: „Hallöchen, was bist du denn bitte für eine umwerfende Person?!" Denn wenn du im Spiegel immer nur nach Makeln suchst, dann kann man ja gar kein positives Bild von sich entwickeln. Aber: Wenn du dich jeden Tag angrinst, vielleicht sogar richtig schön anlachst – dann ist das das Bild, das sich mit der Zeit in deinem Kopf festsetzt. dein lächelndes, freundliches Ich, das sich selbst einen liebevollen Blick zuwirft. Und dazu kommen natürlich auch noch alle weiteren Punkte, die wir in diesem Coaching immer wieder besprochen haben, wie Selbstfürsorge, Selbstlob, Selbstachtung. Und ganz wichtig: dass du dir selbst erlaubst, dir deinen Teil vom Glück zu nehmen. Du darfst nämlich das volle Programm haben, weil du ein toller, wunderbarer, starker und wertvoller Mensch bist. Aber – und das ist ganz, ganz wichtig – es reicht nicht, wenn ich dir das sage, du musst es dir selbst immer wieder sagen und dir das Glück selbst zugestehen und erlauben. Und wenn du morgen durch deinen Alltag gehst und siehst dann da drüben das Glück, dann wink ihm nicht nur schüchtern aus der Ferne zu, sondern geh hin und schneid dir sofort ein dickes, fettes Stück vom Glückskuchen ab. Du darfst das. Du darfst mit geradem Rücken durchs Leben gehen, mit erhobenem Kopf, und mutig auf andere zugehen, dir nehmen, was dir zusteht, und einfach mal glücklich sein.

Und am Ende kann ich dir eigentlich nur noch einen Rat mit auf den Weg geben: Leb einfach dein Leben! Wir haben nur dieses eine, und das sollten wir in vollen Zügen genießen und auskosten. Nimm die Sache in die Hand und wart nicht darauf, dass die Welt auf dich zukommt. Sondern übernimm Verantwortung für dein Handeln und geh selbst auf die Welt zu. Nimm dir vor, jeden Tag da rauszugehen und am Leben teilzuhaben. Und wenn du etwas tun willst, dann tu es! Und auch wenn du mal scheiterst, ist das nicht schlimm. Steh auf, werd schlau draus, lach drüber und dann geh weiter. Es liegt alles in deiner Hand! Und damit entlasse ich dich aus deinem 30-Tages-Coaching. Wenn du möchtest, sehen wir uns wieder. Auf doktorwimmer.de, auf Facebook, Instagram, TikTok oder auf YouTube!

Bis bald! Alles Liebe,
dein Dr. J. [illegible]

IMPRESSUM

G|U

Unter Mitarbeit von Ina Volkmer

Projektleitung: Franziska Daub
Bildredaktion: Nele Schneidewind
Umschlaggestaltung und Layout:
ki36 Editorial Design, München, Sabine Skrobek, Lea Thon, Franziska Misselwitz
Herstellung: Markus Plötz
Satz: Nadine Thiel, Baldham
Repro: Ludwig Media, Zell am See
Druck und Bindung: F&W Medien, Kienberg

ISBN 978-3-8338-8746-8

1. Auflage 2022

GRÄFE UND UNZER

Ein Unternehmen der
GANSKE VERLAGSGRUPPE

Die GU-Homepage finden Sie unter www.gu.de

Bildnachweis

Cover: aempathy
Illustrationen und Grafiken:
ki 36 Editorial Design, Lea Thon, Franziska Misselwitz
Autorenfoto: aempathy

Umwelthinweis

Nachhaltigkeit ist uns sehr wichtig. Der Rohstoff Papier ist in der Buchproduktion hierfür von entscheidender Bedeutung. Daher ist dieses Buch auf PEFC-zertifiziertem Papier gedruckt. PEFC garantiert, dass ökologische, soziale und ökonomische Aspekte in der Verarbeitungskette unabhängig überwacht werden und lückenlos nachvollziehbar sind.

Wichtiger Hinweis

Die Gedanken, Methoden und Anregungen in diesem Buch stellen die Meinung bzw. Erfahrung des Verfassers dar. Sie wurden von dem Autor nach bestem Wissen erstellt und mit größtmöglicher Sorgfalt geprüft. Sie bieten jedoch keinen Ersatz für persönlichen, medizinischen Rat. Jede Leserin, jeder Leser ist für das eigene Tun und Lassen auch weiterhin selbst verantwortlich. Weder Autor noch Verlag können für eventuelle Nachteile oder Schäden, die aus den im Buch gegebenen praktischen Hinweisen resultieren, eine Haftung übernehmen.